초급부터 중급까지 쉽게 따라 할 수 있는

레진공예의 교과서

구마자키 겐이치 지음 | 박재영 옮김

Contents

- 4　UV 레진을 사용해서 만드는 나선 모양의 귀걸이
- 5　고양이와 우산 모티프 브로치
- 6　플라스크 모양의 펜던트 톱
- 7　금실을 사용해서 반짝반짝 빛나는 참 장식
- 8　큐브 모양의 목걸이 장식
- 9　장미 볼 목걸이
- 10　드라이플라워 비즈 목걸이
- 12　압화와 사슴이 있는 숲을 표현한 브로치
- 13　딸기를 넣은 스틱 키홀더
- 14　반짝반짝 빛나는 나비 키홀더

LESSON 1
UV 레진과 에폭시 레진의 기본

16　UV 레진의 기본
UV 레진의 특징과 장점 / UV 레진을 즐기기 위해 필요한 준비물 / UV 레진의 기본적인 사용법
- technique 1　프레임 준비
- technique 2　코팅
- technique 3　프리핸드

- 20　프레임을 사용해서 만드는 키홀더
- 21　장식 콤팩트

22　에폭시 레진의 기본
에폭시 레진의 특징과 장점 / 레진액을 만들기 위해 필요한 준비물 / 에폭시 레진의 기본적인 사용법
- technique 1　거스러미 제거하기
- technique 2　광택 내기
- technique 3　광택 제거하기

LESSON 2
착색 및 재료 봉입 방법

30　착색의 기본
레진액을 착색했을 때 좋은 점 / 착색을 위해 필요한 준비물 / 착색에 사용할 수 있는 염료의 종류 / 기본적인 착색 방법
- technique 1　마블 무늬
- technique 2　하트 무늬

UV 레진의 착색

- 36　6색으로 빛나는 무지개 펜던트 톱
- 37　천연석풍의 레진 장식
- 38　밀키 컬러로 착색한 해골 모티프
- 40　지구 키홀더
- 41　펭귄 일러스트를 넣은 투명 펜던트

42　재료 봉입의 기본
재료를 봉입할 때의 포인트 / 기본 순서
- technique 1　종이, 천
- technique 2　비즈, 참 장식 종류
- technique 3　투명 스티커, OHP 필름
- technique 4　고무점토 장식
- technique 5　드라이플라워, 압화

- 44　참 장식을 넣은 마카롱 키홀더
- 46　장미 스틱 키홀더
- 49　압화를 넣은 물방울 모양 펜던트
- 50　장미와 나비가 있는 브로치
- 51　압화와 동물로 연출한 브로치

LESSON 3
실리콘 몰드와 본뜨기

54 실리콘 몰드를 만드는 방법
실리콘 몰드를 직접 만들 때의 장점 / 원형에 대해서 /
실리콘 몰드를 만들기 위해 필요한 준비물 /
평면 몰드를 만드는 방법 / 양면 몰드를 만드는 방법 /
실리콘 몰드를 응용한 기법

64 압화를 넣은 투명 반지
66 크리스털 모양의 펜던트 톱
68 캔들 모양의 펜던트 톱

LESSON 4
레진 경화 후의 마감 및 가공 방법

72 몰드 분리 후의 가공
본뜬 후에 할 수 있는 일 / 각각의 가공 방법
`technique 1` 연마
`technique 2` 구멍 뚫기
`technique 3` 커팅
`technique 4` 뒷면 새김

78 작은 새와 잔가지를 표현한 브로치
79 배경이 다른 키홀더
80 레이스 무늬를 새겨 넣은 레진 장식

이 책을 보는 방법

작품명에 있는 ☆ 표시는 난이도를 나타냅니다. ☆이 적을수록 처음 시작하는 사람이 따라 하기 쉽습니다. 양면형 몰드를 사용하거나 레진을 여러 번 부어야 하는 작품 등에는 ★이 많이 표시되어 있습니다.

`에폭시` `봉입` 등의 아이콘은 그 작품의 특징적인 기술을 나타냅니다. UV 레진과 에폭시 레진을 모두 사용할 경우에는 성형의 중심이 되는 쪽이 표시되어 있습니다.

작업 시 주의점

레진액이나 실리콘, 염료는 옷이나 카펫에 묻으면 제거할 수 없습니다. 작업대 위에 비닐을 깔고 버려도 상관없는 옷을 입고 작업합시다.

레진액이나 실리콘은 상품에 따라 악취가 나므로 작업할 때는 방을 환기하기 바랍니다.

사용 시 주의점

성형한 레진은 자외선이나 공기 중의 성분에 의해 시간이 지나면 변색됩니다.

또한 따뜻하게 하면 부드러워지는 성질이 있어서 화기 근처나 직사광선이 닿는 곳에 놓으면 변형될 수 있습니다.

이 책에 실린 작품은 개인적으로 즐기는 경우를 제외하고 무단으로 복제하거나 판매(길거리, 인터넷 옥션 등)하는 행위는 법으로 금지되어 있습니다.

UV 레진을 사용해서 만드는 나선 모양의 귀걸이

☆☆☆☆☆

볼 체인으로 만든 토대를 UV 레진으로 코팅해서 액세서리를 만들어 보세요.

만드는 방법 → p89

고양이와 우산 모티프 브로치

☆☆☆☆☆

원하는 모티프 모양을 만든 레진의 뒷면에 루터로 무늬를 새겨 넣습니다.

만드는 방법 → p90

플라스크 모양의 펜던트 톱

☆☆☆☆☆

양면을 본떠서 앞뒤의 구분 없이 입체적으로 만든 모양 안에 원하는 재료를 넣어 보세요.

만드는 방법 → p84

**금실을 사용해서
반짝반짝 빛나는 참 장식**

☆☆☆☆☆

빛을 받으면 반짝반짝 빛나는 실을 투명한 레진 속에 넣었습니다.

만드는 방법 →p85

큐브 모양의 목걸이 장식

☆☆☆☆☆

참이나 모조 진주, 글리터 등을 넣어 만든 장식들을 UV 레진으로 접착했습니다.

만드는 방법 → p86

장미 볼 목걸이

☆☆☆☆☆

동글동글한 볼은 양면을 본떠서 만들었으며, 드라이 플라워를 넣어서 성숙한 느낌을 연출했습니다.

만드는 방법 →p87

**드라이플라워
비즈 목걸이**

☆☆☆☆☆

일러스트 모양에 맞춘 평면 몰드와 양면 몰드를 사용해 앞뒤 구분이 없는 입체적인 장식을 만들었습니다.

만드는 방법 →p88

**압화와 사슴이 있는
숲을 표현한 브로치**

☆☆☆☆☆

레진을 6층으로 쌓아 만든 장식의 표면을 불투명하게
가공해서 숲 속의 나무를 표현했습니다.

만드는 방법 → p92

딸기를 넣은 스틱 키홀더

☆☆★★★

고무점토로 만든 딸기를 속에 넣고 조금 진하게 착색한 레진을 배경에 넣었습니다.

만드는 방법 →p93

반짝반짝 빛나는
나비 키홀더

☆☆☆☆☆

글리터나 홀로그램 등 반짝반짝 빛나는 소재를 투명한 레진 속에 넣었습니다.

만드는 방법 →p94

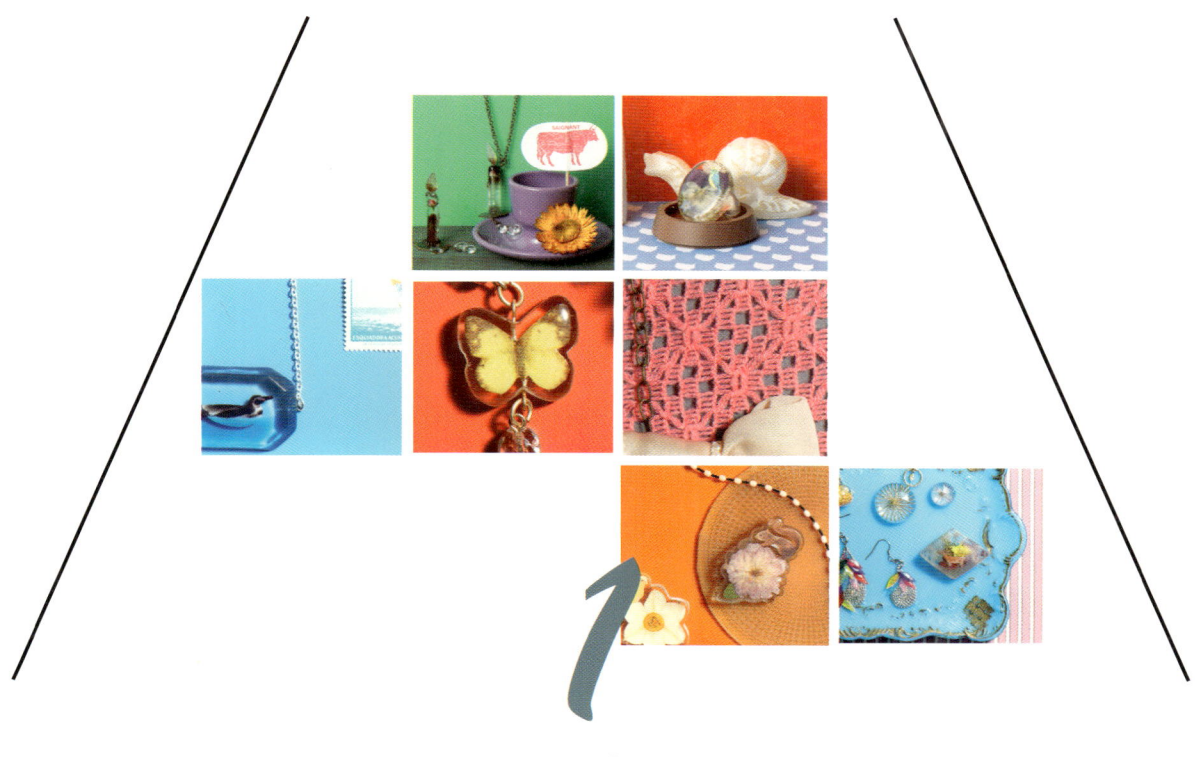

UV 레진과
에폭시 레진의 기본

UV 레진과 에폭시 레진의 차이는 무엇인가요?
구분 없이 사용해도 되나요?
이런 소박한 의문을 해결하기 위한 기본 강좌입니다.
각각의 특징과 장점을 살려서 처음 접하는 사람이라도 충분히 즐길 수 있는 '기본 중의 기본'을 정리해 놓았습니다.
초심자는 일단 이 장부터 읽고 따라해 보세요.
만들기에 익숙한 사람도 사소한 요령이나 핵심을
작품에 활용해 보기 바랍니다.

basic : UV resin
UV레진의 기본

UV 레진이란 자외선에 노출시켜야 굳는 '자외선 경화수지'를 말합니다.
전용 램프를 사용하면 경화 시간을 짧게 줄일 수 있는 점이 가장 큰 장점입니다.

● UV 레진의 특징과 장점

UV 레진의 장점은 주제와 경화제를 1g 단위로 계량하여 섞어서 사용하는 에폭시 레진과 달리 한 가지 액체만 사용하는 타입이라서 손쉽게 사용할 수 있는 점입니다. 게다가 자외선을 쬐면 경화하는 성질이 있어서 UV 램프를 사용하면 경화 시간을 줄일 수 있고 작업을 쉽게 진행할 수 있는 점도 장점 중 하나입니다. 또한 점성이 높은 특징이 있어서 표면 장력을 이용하여 몰드의 높이보다 조금 더 높게 부어서 굳히거나, 밑바닥이 없이 프레임만 있는 몰드를 사용하거나, 모양을 손으로 자유롭게 성형할 수 있습니다.

주의하세요!

UV 레진은 에폭시 레진에 비해 점성이 높아서 복잡한 몰드를 사용하면 레진이 세부까지 잘 퍼지지 않거나 기포가 생기면 쉽게 없앨 수 없다는 단점이 있습니다. 또 UV 램프에 넣고 자외선을 조사해서 경화하기 때문에 램프의 빛(자외선)이 미치지 못할 정도로 두꺼우면 잘 굳지 않습니다. 한 번에 경화시킬 수 있는 두께는 5mm 이하라고 생각합시다.

이럴 때 적합해요!

- 사용량이 적은 작은 세팅이나 얇은 몰드를 사용할 때, 작은 장식을 만들 때
- 밑바닥이 없이 프레임만 있는 몰드를 사용할 때
- 접착 및 코팅 등

접착

아이볼트, 9핀 등의 접착 →p75
레진 장식 재료끼리의 접착 →p86, 89
브로치 핀의 접착 및 보강
레진 장식에 브로치 핀을 달 때는 접착제로 고정한 후 그 위에 UV 레진을 도포해서 브로치 핀을 심어 넣으면 단단히 고정됩니다.

브로치 핀을 UV 레진 속에 심어 넣어서 경화시킨다. 최대한 울퉁불퉁한 부분이 눈에 띄지 않도록 평평하게 마감하면 좋다.

코팅

종이(봉입 재료) 코팅 →p28
압화 코팅 →p48
화지(장식 재료) 코팅 →p89
레진 장식 코팅
UV 레진을 굳힌 장식뿐만 아니라 에폭시 레진으로 만든 장식의 표면에도 UV 레진을 덧발라서 사용할 수 있으며, 표면에 바르면 광택을 내는 역할을 합니다.

앞면을 코팅하면 뒷면도 똑같이 코팅한다. 두께가 있을 경우 옆면에도 잊지 말고 발라야 한다.

앞뒤가 없는 모양(볼 등)은 액세서리 장식을 달 구멍에 핀을 넣고 손에 든 채로 자외선을 조사하거나 핀을 유점토 등에 꽂아 세워서 고정하여 UV 램프 안에 넣는다.

LESSON 1 / UV 레진과 에폭시 레진의 기본

UV 레진을 즐기기 위해 필요한 준비물

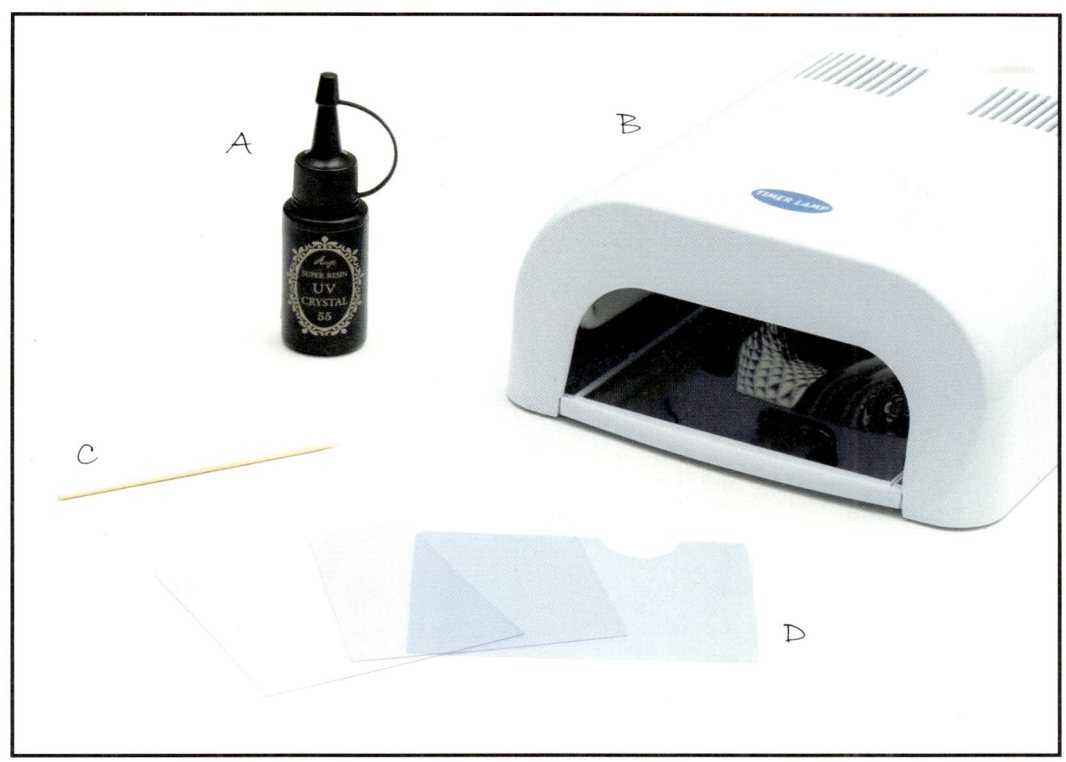

A : UV 레진
자외선을 쬐면 굳는 투명 수지.

※ 이 책에서는 슈퍼 레진 UV 크리스털을 사용했습니다.

B : UV 램프
자외선 조사기(36W 추천). 빛을 조사해서 레진을 경화시킵니다. 크기에 따라 조사 시간이 달라지므로 상태를 보면서 사용하세요.

C : 대나무 꼬치, 이쑤시개
기포가 생겼을 때 터뜨리기 위해 가늘고 끝이 뾰족한 물건이 있으면 편리합니다.

D : 플라스틱판, 투명 시트
클리어 파일을 잘라서 사용해도 무방합니다. UV 레진 장식을 UV 램프 안에 넣거나 뺄 때 얹을 수 있는 받침 대신으로 사용합니다. UV 레진을 직접 부을 경우에는 쉽게 뗄 수 있는 투명 시트를 사용하세요.

memo
마스킹 테이프로 고정한다

클리어 파일을 자른 것이나 플라스틱판을 받침으로 사용할 경우, 작은 세팅이나 몰드는 UV 램프에 넣고 빼다가 움직일 때가 있습니다. 미끄럼 방지용으로 마스킹 테이프 등을 사용해서 고정하면 안심하고 작업할 수 있습니다.

태양광으로 경화시킬 경우 주의하세요!

자외선을 쬐면 경화한다는 점에서 태양광으로도 굳힐 수 있다는 특징이 있습니다. 하지만 날씨의 영향을 받을 때가 많아서 자외선의 양이 부족하여 경화가 제대로 되지 않을 가능성도 있습니다. UV 레진의 가장 큰 장점은 램프를 사용해서 단시간에 경화시킬 수 있다는 점입니다! 태양광보다는 차라리 UV 램프를 사용해서 예쁜 작품을 완성하세요.

UV 레진의 기본적인 사용법

레진액을 부어서 굳힌다

1

마스킹 테이프를 사용해서 세팅(여기에서는 배경에 종이를 잘라 모양을 만들었음)을 받침에 고정시킨 다음 UV 레진을 조금 넣는다.

point

기포가 생기면 대나무 꼬치나 이쑤시개 등으로 찌르거나 들어 올려서 제거한다.

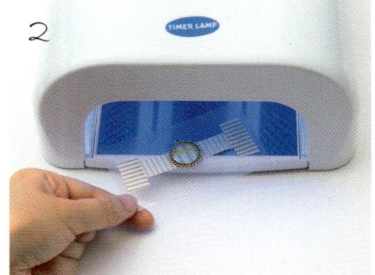

2

UV 램프에 넣고 2~3분 동안 자외선을 조사해서 경화시킨다.

3

2에서 굳힌 레진 위에 다시 레진을 부은 다음, 봉입하고 싶은 장식 재료를 올려놓고 2~3분 동안 자외선을 조사해서 경화시킨다.

4

다시 한 번 3의 위에 UV 레진을 채워 넣는다. 이때 표면 장력을 이용하여 볼록하게 올라올 정도로 UV 레진을 넣는다. 그런 다음 UV 램프에 넣고 2~3분 동안 자외선을 조사해서 경화시킨다.

> **memo**
>
> **배경을 제외한 장식 재료는 2층부터 넣는다**
>
> 1에서 일단 레진만 부어서 층을 만들면 깊이가 생깁니다. 또 2층에 부은 UV 레진과 1층의 레진이 서로 단단히 달라붙으면 장식 재료도 확실히 고정됩니다.

본뜨기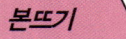

기본적인 작업은 에폭시 레진(p26 참조)과 동일하다.
한 번에 굳히려면 두께를 5mm 이하로 설정하고, 두껍게 만들고 싶을 때는 경화 과정을 여러 번 반복한다.

← **여러 가지 몰드**

실리콘 소재의 몰드는 레진을 쉽게 분리할 수 있고 흐릿해지지도 않습니다. 레진 공예용이 아닌 몰드를 사용할 경우에는 표면 가공에 따라 작품이 흐릿해질 수 있으므로 주의해야 합니다. 레진에 ==자외선이 잘 조사되는 투명 몰드==를 추천합니다. 불투명한 실리콘 몰드를 사용할 경우, 자외선이 골고루 미치지 않아서 경화가 잘 되지 않습니다.

LESSON 1 / UV 레진과 에폭시 레진의 기본

technique 1　프레임 준비

UV 레진은 점성이 높아서 액이 잘 흘러내리지 않습니다.
따라서 밑바닥이 없어도 프레임만 있으면 모양을 만들 수 있습니다.

튼튼한 프레임의 경우
프레임을 투명 시트 위에 올려놓고 UV 레진을 채워 넣어서 굳힌다. 가장 아래층을 얇게 만든 뒤 즉시 경화시켜서 '바닥'을 만들면 이후의 작업이 순조로워진다.

바닥이 울퉁불퉁한 프레임의 경우
바닥으로 할 부분에 바셀린을 발라서 UV 레진이 밖으로 흘러내리는 것을 방지한다. 프레임 밖으로 삐져나오면 면봉 등을 이용해서 닦아내자. UV 레진을 채워 넣어서 경화시키고 나면 바셀린은 뜨거운 물에서 식기용 세제로 씻어낸다.

체인으로 프레임을 만드는 경우
마스킹 테이프 위에 체인으로 원하는 모양의 프레임을 만든다. UV 레진을 채워 넣어도 모양이 망가지지 않도록 반드시 마스킹 테이프로 프레임을 고정해야 한다.

technique 2　코팅

종이 등의 표면을 UV 레진으로 코팅해서 장식 재료로 사용합니다.

1
투명 시트 위에 올려놓은 종이의 앞면에 UV 레진을 바른다. 조금 밖으로 삐져나올 정도로 바른 다음 UV 램프에 넣고 2~3분 동안 자외선을 조사해서 경화시킨다.

2
뒷면도 같은 방법으로 경화시키고 나면 투명 시트에서 떼어 내서 삐져나온 부분을 가위로 자른다.

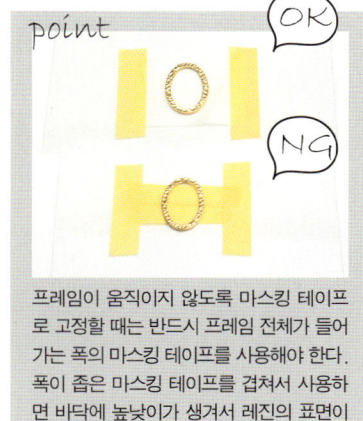

point　OK / NG

프레임이 움직이지 않도록 마스킹 테이프로 고정할 때는 반드시 프레임 전체가 들어가는 폭의 마스킹 테이프를 사용해야 한다. 폭이 좁은 마스킹 테이프를 겹쳐서 사용하면 바닥에 높낮이가 생겨서 레진의 표면이 엉성해지므로 주의하자!

technique 3　프리핸드

점성이 있어서 간단한 모양은 손으로 자유롭게 그릴 수 있습니다.
이 방법으로 만든 모양은 그대로 경화시켜서 장식 재료로 사용할 수 있습니다.

1
UV 레진을 이용해서 투명 시트 위에 원하는 모양을 그린다. 사진에서는 글리터를 섞어서 물방울 모양으로(p38 작품에서 사용) 만들었다.

2
UV 램프에 넣고 2~3분 동안 자외선을 조사해서 경화시킨 뒤 투명 시트에서 떼어 낸다.

3
튀어나온 부분이 있으면 가위로 자른다. 두께가 얇으면 가위로 모양 자체를 잡을 수도 있다.

프레임으로 만드는 키홀더

UV | 봉입

★☆☆☆☆

재료

UV 레진

A
- **봉입 재료** … 여러 가지 스티커, 참 장식 (포크), 모조 진주, 메탈 비즈
- **액세서리 부자재** … 가방 참 장식, 연결 부자재

B
- **봉입 재료** … 여러 가지 스티커, 고무점토 장식(장미), 모조 진주, 메탈 비즈, 메탈 장식(나비)
- **액세서리 부자재** … 키홀더 장식, 연결 부자재

만드는 방법 A

1. 프레임을 투명 시트(또는 실리콘 매트) 위에 올려놓고 UV레진을 조금 붓는다(1층). ▶ **UV 램프에 넣고 2분간 자외선 조사**

2. 1에 UV 레진을 조금 붓고 스티커(레이스)를 올려놓은 뒤 UV 레진을 다시 붓는다(2층). ▶ **UV 램프에 넣고 2분간 자외선 조사**

3. 2에 UV 레진을 조금 붓고 스티커(리본과 레이스)를 올려놓은 뒤 UV 레진을 다시 붓는다(3층). ▶ **UV 램프에 넣고 2분간 자외선 조사**

4. 3에 UV 레진을 조금 붓고 참(포크) 장식과 메탈 비즈를 올려놓는다. 다시 UV 레진을 조금 붓고 포크 위에 모조 진주를 올려놓는다(4층). ▶ **UV 램프에 넣고 2분간 자외선 조사**

5. 4에 UV 레진을 조금 붓고 스티커(글자, 케이크)를 올려놓은 뒤 UV 레진을 다시 붓는다(5층). ▶ **UV 램프에 넣고 2분간 자외선 조사**

6. UV 레진을 프레임 가득(표면 장력을 이용하여 약간 볼록하게 올라올 정도로) 붓는다(6층). ▶ **UV 램프에 넣고 3분간 자외선 조사**

만드는 방법 B

→ A의 만드는 방법을 참고해서 5층으로 만든다.

2층 : 스티커 / 3층 : 고무점토 장식(장미), 모조 진주, 메탈 비즈 /
4층 : 메탈 비즈, 메탈 장식(나비), 스티커(리본)

memo

점성이 있는 UV 레진

UV 레진은 잘 흘러내리지 않는 데다 UV 램프를 사용해서 경화 시간도 짧기 때문에 밑바닥이 없이 프레임만 있는 몰드를 사용할 수 있습니다.

A-2

A-4

LESSON 1 / UV 레진과 에폭시 레진의 기본

장식 콤팩트

UV | 봉입

★☆☆☆☆

몰드

장식용 콤팩트
(표면에 테두리가 조금 있는 것)

재료

UV 레진

A
- 매니큐어 … 펄 분홍색
- 봉입 및 장식 재료 … 여러 가지 스티커, 레이스(UV 레진으로 만든 것), 고무점토 장식(장미), 참 장식(스푼), 모조 진주, 메탈 비즈, 라인스톤(흰색, 분홍색)
- → UV 레진을 하얗게 착색하여 레이스 몰드에 넣는다. 그런 다음 UV 램프에 넣고 자외선을 1분 동안 조사해서 레이스 장식을 만들어 놓는다.

B
- 매니큐어 … 글리터가 들어 있는 마린 블루색
- 봉입 및 장식 재료 … 여러 가지 스티커, 메탈 비즈, 메탈 장식(나비)

만드는 방법 A

1. 콤팩트의 장식 면에 매니큐어를 떨어뜨린 뒤 대나무 꼬치나 이쑤시개를 이용해서 물결무늬를 그린다. 이틀 정도 건조시킨다(배경).

2. 1에 UV 레진을 조금 붓고 스티커와 고무점토 장식(장미)을 올려놓는다(1층). ▶UV 램프에 넣고 2분 동안 자외선 조사

3. 2에 UV 레진을 조금 붓고 레이스, 라인스톤(흰색)을 올려놓은 뒤 UV 레진을 다시 붓는다(2층). ▶UV 램프에 넣고 2분 동안 자외선 조사

4. 3에 UV 레진을 조금 붓고 참(스푼) 장식과 모조 진주를 올려놓은 뒤 그 위에 UV 레진을 조금 붓는다(3층). ▶UV 램프에 넣고 2분 동안 자외선 조사

5. 4에 UV 레진을 조금 붓고 콤팩트의 가장자리를 둘러싸듯이 라인스톤(분홍색)을 올려놓는다(4층). ▶UV 램프에 넣고 2분 동안 자외선 조사

만드는 방법 B

→ A의 만드는 방법을 참고해서 2층으로 만든다.

1층 : 여러 가지 스티커, 메탈 비즈 / 2층 : 메탈 장식(나비)

memo

장식에 어울리는 UV 레진

스티커나 참 장식 등의 재료를 평면에 장식할 때 UV 레진을 사용하면 좋습니다. 단시간에 경화되어 작업 속도가 빠르고 얇게 여러 층을 쌓을 수 있습니다.

A-1

basic : *epoxy resin*
에폭시 레진의 기본

에폭시 레진은 주제와 경화제를 섞은 뒤
몰드에 붓고 경화시켜서 모양을 만듭니다.

● 에폭시 레진의 특징과 장점

에폭시 레진은 입체적이고 조형적인 형태로 굳힐 수 있습니다. 또 점성이 낮아서 기포가 잘 빠지며 완성했을 때 투명도가 높은 점이 특징입니다. 기포가 잘 빠지는 특성 덕분에 착색료를 섞어서 작업하기 쉽고 예쁜 색으로 물들일 수도 있습니다. 또한 특수한 기기 없이 굳힐 수 있는 점도 장점 중 하나라고 할 수 있습니다.

이럴 때 적합해요!

- 투명한 느낌을 살리고 싶을 때
- 얼룩 없이 깨끗하게 착색하고 싶을 때
- 5mm 이상의 두께를 경화시키거나 입체적인 모양을 만들고 싶을 때

주의하세요!

UV 램프를 사용하는 UV 레진과 에폭시 레진의 가장 큰 차이는 바로 경화 시간입니다. 작품 크기마다 다르지만 완전히 굳히는 데 약 1~3일 정도 걸립니다. 또한 굳혀야 할 모양이 작거나 얇거나 구체적일 경우에는 경화 시간이 좀 더 걸리며, 경화하는 모양이나 레진의 양에 따라 일주일 정도 걸리는 경우도 있습니다. 기온(실온)에도 쉽게 좌우되어 온도가 낮으면 화학 반응이 잘 일어나지 않아서 완전히 굳을 때까지 시간이 걸립니다. 또 점성이 낮고 물처럼 흘러내려서 다루기 쉬운 반면, UV 레진처럼 표면 장력을 이용해서 볼록 올라온 모양으로 굳힐 수 없습니다.

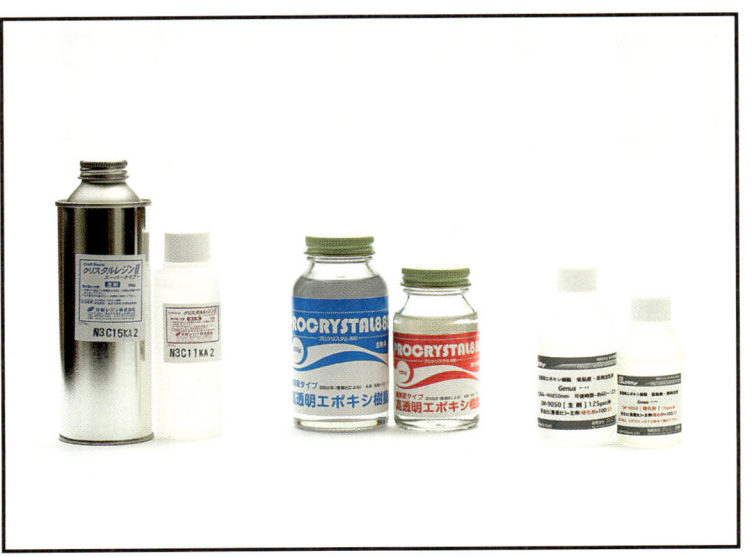

← 여러 가지 에폭시 레진

각 회사마다 다른 상품명으로 에폭시 레진이 발매되어 있습니다. 만들고 싶은 모양이나 각 상품의 성질 및 특징을 파악해서 자신과 잘 맞는 상품을 찾는 것이 작품 만들기의 첫걸음입니다!

크리스털 레진II 슈퍼 클리어(닛신 레진), 프로 크리스털(템코파인), 고투명 에폭시 수지(블레니 기술연구소)

LESSON 1 / UV 레진과 에폭시 레진의 기본

레진액을 만들기 위해 필요한 준비물

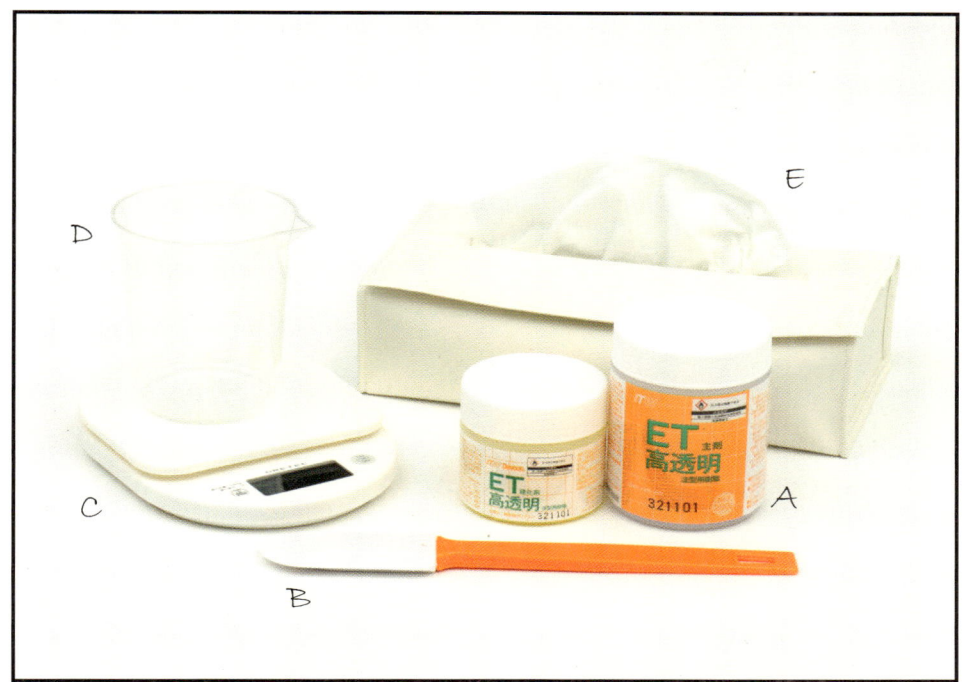

A : 에폭시 레진의 주제와 경화제
주제와 경화제를 섞으면 화학 반응이 일어나 굳는다. 주제와 경화제는 반드시 같은 제조 회사의 제품을 사용해야 한다.

※ 이 책에서는 ITW PERFORMANCE POLY-MERS & FLUIDS JAPAN의 에폭시 레진 '데브콘 ET'를 사용했습니다. 다른 제품을 사용할 경우에는 그 제품의 설명서에 따라 사용하기 바랍니다.

B : 고무 주걱
주제와 경화제를 섞는 도구로 비커의 크기에 맞는 것을 사용한다.

C : 디지털 저울
주제와 경화제를 정확히 계량하기 위해 사용한다. 1g 단위까지 정확히 측정할 수 있는 디지털 방식을 추천한다.

D : 플라스틱 비커
주제와 경화제를 섞어서 레진액을 만들 때 사용한다. 안쪽에 울퉁불퉁한 부분이 별로 없고 바닥이 둥근 비커가 좋다. 유리 제품은 NG.

E : 티슈
사용이 끝난 도구를 정리하기 위해 준비해 놓는다.

레진의 사용량에 주의하자!
레진액은 화학 반응을 이용해서 굳힙니다. 소량으로는 경화되지 않거나 대량으로 만들면 발열해서 급격하게 경화되므로 적절한 양을 사용해서 만들도록 합시다. 적게는 주제 10g에 경화제 5g 이상, 많게는 주제 100g에 경화제 50g 이하의 비율로 작업하세요.

memo
스틱 모양의 물건으로 섞지 말자!

나무젓가락이나 교반 막대 등과 같이 스틱 모양의 물건을 사용하면 골고루 섞이지 않을 가능성이 높습니다. 비커 바닥에 있는 주제에 경화제가 다 섞이지 않거나 얼룩이 있는 레진액이 만들어질 수 있습니다. 이는 경화 불량으로 이어지거나 끈적거리는 원인이 됩니다. 고무 주걱으로 비커의 안쪽을 긁어내듯이 해서 전체를 골고루 섞는 것이 중요합니다.

사용 후 정리할 때는…
레진액은 비수용성이므로 물로 세척하지 않고 티슈를 사용해서 닦아 냅니다. 쓰레기는 비닐봉지에 넣고 밀봉해서 버려야 합니다. 손에 묻었을 때는 식기용 세제나 치약을 묻혀서 문지르면 쉽게 제거됩니다. 다 쓴 비커를 방치했다가 레진액이 굳기 시작하면 경화될 때까지 기다렸다가 비커를 손으로 조금씩 비틀어서 굳은 레진을 그대로 꺼냅니다. 이때 비닐장갑 사용을 추천합니다.

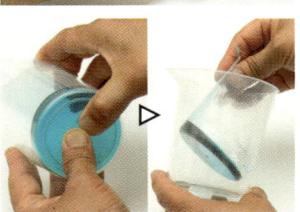

에폭시 레진의 기본적인 사용법

레진액을 만든다

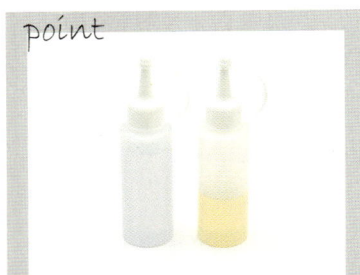

point

입구가 넓은 병에 들어 있는 액을 비커에 직접 따르면 양을 조절하기 어려우므로 주입구가 작은 양념통 등에 옮겨 담아 놓으면 편리하다.

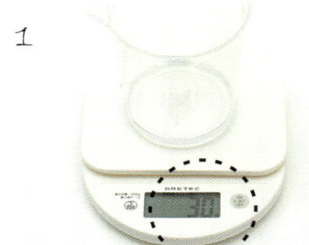

1

주제를 계량해서 비커에 넣는다(여기서는 30g).

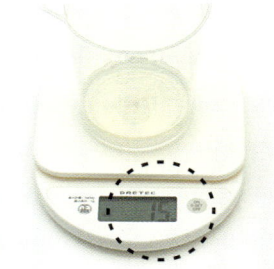

2

주제와 경화제를 2:1의 비율로 넣는다(여기서는 15g).

point : 주제와 경화제가 잘 섞이도록 레진액을 전자레인지에 넣고 5~10초 정도 돌린다.

3

고무 주걱으로 섞는다. 주제의 투명한 심이 보이지 않을 때까지 바닥과 옆면을 긁어내서 잘 섞는다.

4

주제와 경화제가 다 섞이지 않은 상태로 고무 주걱에 묻어 있는 경우가 있으므로 고무 주걱을 티슈로 한 번 닦는다.

point

이 상태로 고무 주걱을 비커에 넣으면 티슈의 먼지가 레진액에 들어갈 가능성이 높다. 테이프 등을 사용하여 먼지를 제거해서 레진액을 깨끗하게 유지해야 작품을 아름답게 완성시킬 수 있다.

5

좋은 레진은 여기까지의 작업에서 기포가 생기지 않습니다. 만일 자잘한 기포가 생겼다고 해도 그 상태로 잠시 두면 저절로 빠집니다.

다시 한 번 비커의 내용물을 잘 섞는다. 투명한 심이 사라지면 주제와 경화제를 골고루 섞은 레진액이 완성된다.
→ 이때 착색한다. (자세한 설명은 p30~)

memo
레진의 취급 온도에 대해서

- 실온은 20℃ 전후가 가장 좋습니다. 기온이 낮으면 점성이 높아져서 자잘한 기포가 생기기 쉽습니다.
- 점성이 높아진 경우에는 헤어드라이어 등을 이용하여 비커 바닥이 조금 따뜻해질 정도까지 데워서 액을 부드럽게 하면 좋습니다.

LESSON 1 / UV 레진과 에폭시 레진의 기본

세팅 안에 부어서 굳힌다

1. 레진액을 세팅(배경은 마스킹 테이프를 사용)에 천천히 부은 뒤 대나무 꼬치나 이쑤시개를 사용하여 기포를 찌르거나 들어 올려서 제거한다.

2. 봉입하고 싶은 재료(여기서는 물고기 모양의 참 장식)를 넣고 다시 그 위에 레진을 조금 붓는다.

3. 먼지가 묻지 않는 장소에 평평하게 놓고 경화시킨다. 표면을 만져 봐서 끈적임이 없이 단단하게 굳었으면 OK.

4. 레진은 표면 장력이 있어서 볼록하게 올라오므로, 조금 굳힌 다음 그 위에 레진을 거듭해서 부으면 입체적인 모양을 만들 수 있다.

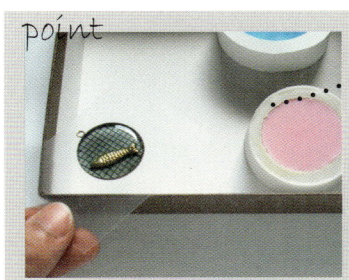

point

에폭시 레진은 UV 레진보다 경화 시간이 길다. 경화를 위해 보관해 놓을 때는 먼지가 묻지 않도록 주의해야 한다. 뚜껑이 있는 보관 용기를 사용하거나 뚜껑이 없을 경우에는 과자 상자의 뚜껑을 덮는다. 평평해야 진동이 적으며 어린 아이나 애완동물이 손 댈 수 없는 장소를 선택하자.

여러 가지 세팅

액세서리용 세팅 장식에는 여러 가지 종류가 있습니다. 레진액이 흘러내리지 않도록 테두리가 있는 형태를 선택합시다. 표면 장력을 이용하여 조금 볼록하게 올라온 모양으로 완성할 수 있습니다.

memo

경화에 대해서

- 레진액이 완전히 굳기까지는 24~72시간 정도 걸립니다. 적어도 24시간은 건드리지 말고 가만히 놔둡시다.
- 화학 반응을 이용하여 굳히므로 분량이 적거나 얇고 구체적인 모양으로 성형할 경우 역시 경화 시간이 길어집니다. 레진액이 경화하는 적절 온도는 20~40°C이며, 계절 및 지역에 따라 경화에 걸리는 시간이 다릅니다.
- 레진은 경화할 때 2퍼센트 정도 수축됩니다.

본떠서 성형하기

point

실리콘 몰드를 사용하면 경화한 레진을 쉽게 떼어 낼 수 있다. 또한 이형제를 사용하면 레진을 쉽게 분리할 수 있는데, 레진을 손상 없이 빨리 떼어 내고 몰드를 보호하는 의미에서도 이형제를 사용하면 좋다.

1

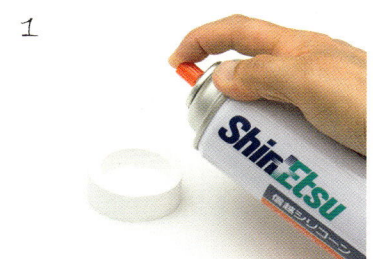

이형제를 실리콘 몰드에 뿌린다.

2

레진을 붓는다. 기포가 생기면 대나무 꼬치나 이쑤시개를 이용해서 제거한다.

3

24시간 이상 그대로 두고, 다 경화되면 몰드에서 분리한다. 거스러미 부분에 손가락을 베이지 않도록 주의한다.

4

처리 전   처리 후

몰드에서 분리한 상태에서는 레진액을 부은 윗면의 가장자리에 거스러미가 붙어 있다.

5

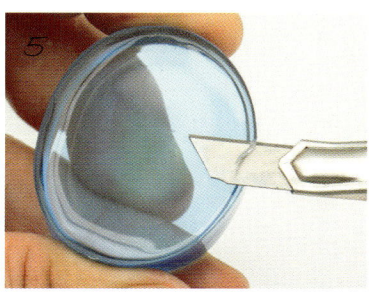

커터를 이용해서 거스러미를 제거한다. 커터에 익숙하지 않으면 건너뛰어 p27의 거스러미 제거 작업을 참고한다.

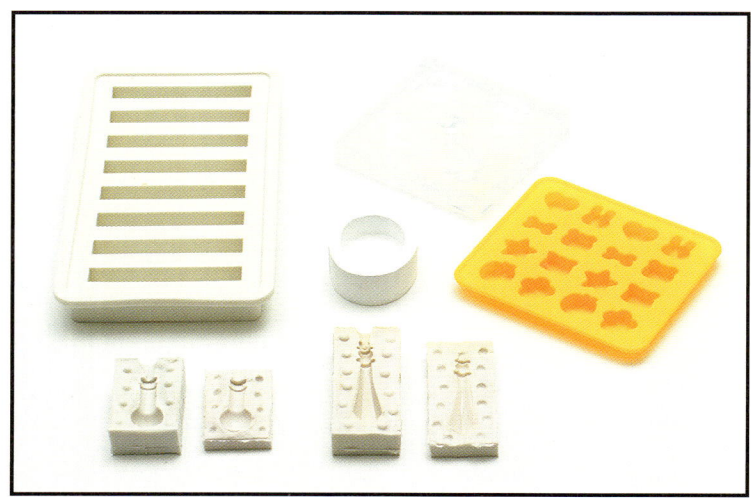

← **여러 가지 몰드**

에폭시 레진용 몰드는 UV 레진용 몰드처럼 자외선이 통과하지 않아도 상관없으므로 반드시 <mark>투명해야 할 필요는 없습니다.</mark> 실리콘 몰드를 사용(또는 이형제를 함께 사용)하면 레진을 몰드에서 쉽게 분리할 수 있지만, 레진 공예용이 아닌 제약용이나 제빙기 등을 사용할 경우 몰드의 재질에 따라 레진의 표면이 매끄럽지 못하거나 흐릿해질 수 있습니다. 새 몰드를 사용할 때는 한두 개 정도 시험해본 후에 만듭시다.

LESSON 1 / UV 레진과 에폭시 레진의 기본

technique 1 거스러미 제거하기

레진을 실리콘 몰드에서 분리할 때 가장자리에 남아 있는 레진 덩어리를 제거합니다.

1

커터를 이용해서 큰 거스러미를 잘라낸 후에는 원하는 감촉을 느낄 수 있을 때까지 사포로 문질러 매끄럽게 만든다. 일단은 금속 줄칼로 대충 문지른다.

2

종이 사포(400~600번대)를 이용해서 다시 잘 문지른다.

3

네일용 파일을 사용해도 된다. 손톱을 다듬듯이 면이 아닌 점으로 작업할 수 있어서 종이 사포에 비해 표면을 잘 손상시키지 않으므로 초심자에게 적합하다.

technique 2 광택 내기

레진의 투명감을 잃지 않도록 광택을 내서 마감합니다.

1

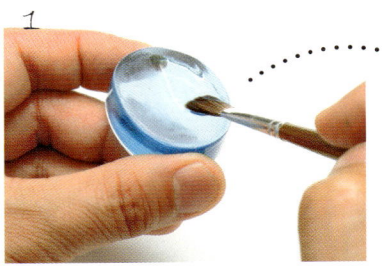

납작붓을 이용해서 투명 래커를 칠한 뒤 건조시킨다. 붓 자국이 남지 않도록 한 번에 칠하는 것이 비결이다.

point : 래커를 붓에 충분히 묻힌 뒤 털이 시작되는 부분을 꽉 눌러서 붓 안쪽에 들어간 공기를 빼 놓으면 레진에 기포가 잘 생기지 않는다.

point

표면이 울퉁불퉁한 작품을 완성할 경우에는 투명 래커를 사용하면 매우 편리하다. 또 UV 레진을 바른 뒤 경화시켜서 광택을 낼 수도 있다.

memo

연마해서 광택을 내는 방법도 있다

래커나 UV 레진을 사용해서 광택을 내면 짧은 시간 안에 쉽게 완성됩니다. 한편 연마해서 작품의 표면에 광택을 낼 수도 있습니다(자세한 설명은 p74). 시간이 걸리지만 차분한 느낌이 드는 고급스러운 작품으로 완성됩니다. 작품의 디자인에 맞춰서 원하는 방법을 시험해 보세요.

technique 3 광택 제거하기

젖빛 유리처럼 무광 상태로 완성됩니다.
무광 래커 스프레이를 사용하면 편리합니다.

1

무광 래커를 뿌려서 건조시킨다. 착색 방법이 똑같아도 광택을 내거나 제거하면 작품의 인상이 달라진다.

point

무광 래커는 광택용 래커와 마찬가지로 표면이 울퉁불퉁한 작품에도 사용할 수 있어서 편리하다. 불투명한 질감이 아름답게 느껴지는 작품을 만들어낼 수 있다. 작품의 일부분에만 뿌리고 싶을 경우에는 마스킹 테이프를 붙여서 작업하자. 또한 광택을 낼 때와 같이 연마해서 불투명하게 마감하는 방법도 있다(자세한 설명은 p74).

LESSON 1
Q&A

Q 에폭시 레진의 주제와 경화제는 계량컵을 이용해서 계량해도 무방한가요?

A 용량이 아니라 반드시 '중량'으로 계량하기 바랍니다.

에폭시 레진의 주제와 경화제는 제조회사가 지정하는 비율에 따라 중량으로 정확하게 계량하세요. 주제와 경화제는 액체의 비중이 달라서 용량비로 계량하면 오차가 생깁니다. 또 경화제를 많이 넣으면 빨리 굳어진다고 착각하는 사람이 많은데, 경화 불량을 일으키므로 정확한 분량을 계량해서 사용합시다.

Q 에폭시 레진을 경화시켰는데 고무처럼 부드러워지면 경화 불량인가요?

A 모양이 작거나 얇은 경우에는 일반적인 경화 시간보다 더 걸립니다.

3일 정도 그대로 두거나 전기담요 또는 전기장판 등을 이용하여 반나절 정도 따뜻하게 해서 경화를 촉진해 보세요. 그래도 딱딱해지지 않으면 경화 불량이라고 생각하기 바랍니다.

Q 변색되지 않게 하는 방법이 있나요?

A 자외선이나 공기에 닿으면 누렇게 변색됩니다.

에폭시 레진은 자외선이나 공기에 닿으면 누렇게 변색되는 성질이 있습니다. 하지만 에폭시 레진뿐만 아니라 종이나 천, 목제품, 플라스틱 외의 소재라 해도 변색되기 마련입니다. 변색이 잘 되지 않는 좋은 소재를 사용하고, 직사광선이 닿지 않는 곳에 두는 등 보관에 신경 써서 사용합시다. 또한 레진이 변색되는 원인에는 자외선만 해당되는 것이 아니므로 UV 차단제를 발라도 완전히 예방할 수 없습니다.

Q 에폭시 레진의 상태가 계속 끈적거리기만 하고 굳어지지 않는 이유는 무엇인가요?

A 계량에 오차가 있거나 잘 섞이지 않았기 때문입니다.

이틀 동안 그대로 두고 상태를 살펴보세요. 그래도 끈적일 경우에는 시간이 흘러도 굳지 않습니다.

Q 에폭시 레진의 완성품은 변형되는 경우가 있나요?

A 40℃ 정도의 열로 부드러워지는 성질이 있습니다.

차 안이나 직사광선이 닿은 창가, 밀폐된 공간과 같이 온도가 높아지는 장소에 보관하지 마세요. 고온으로 부드러워진 레진은 차게 하면 원래의 딱딱한 상태로 되돌아옵니다. 열에 녹는 경우는 없습니다.

Q 에폭시 레진으로 크기가 큰 작품을 만들 수 있나요?

A 레진액(주제+경화제) 150g 이하를 기준으로 해서 만드세요.

화학 반응을 이용해서 경화시키므로, 크기 5×5cm 이상으로 만들어 굳히려고 하면 화학 반응이 급격히 일어나 전체가 수축되어 모양이 일그러진 상태로 굳어 버립니다. 또 이보다 더 크게 만들어 굳히려고 하면 화학 반응열이 높아져서 레진 자체가 타거나 열 때문에 팽창하여 파열하는 경우가 있어 위험합니다. 최대 150g 이하의 양을 사용하도록 주의하기 바랍니다.

특히 블록 모양(덩어리)이 되면 화학 반응이 빨라져서 위에서 설명한 상태가 됩니다. 똑같은 분량이라도 얇고 넓거나 길고 가는 모양일 경우에는 일반적인 경화 반응이 진행됩니다.

착색 및 재료 봉입 방법

레진을 다루기 시작한 사람이라면 누구나 착색 및 봉입 기술을 시도해 보고 싶을 것입니다. 섞거나 넣기만 하면 돼서 간편한 점이 좋지만 좀 더 예쁘게 완성하려면 약간의 수고와 정성을 들이는 것이 중요합니다. 기포가 생기거나 봉입한 재료가 구겨지는 등 실망스러운 일이 생기지 않도록 기본을 확실히 익혀 봅시다.

basic : *coloring*
착색의 기본

레진은 투명해서 착색하는 재미를 느낄 수 있습니다.
투명색, 밀키 컬러, 마블 등 표현할 수 있는 방법도 다양합니다.

● 레진액을 착색했을 때 좋은 점

투명한 레진을 착색하면 표현의 폭이 넓어집니다. 투명한 느낌을 유지한 채 색을 칠해서 봉입한 재료가 비쳐 보이게 할 수 있고, 불투명한 색으로 착색한 레진을 배경 등에 사용할 수 있습니다. 투명한 레진액과 함께 사용하면 작품에 깊이가 생깁니다.

> **경화한 후에도 착색할 수 있어요!**
>
> 레진은 무색투명하기 때문에 레진액을 착색해서 즐길 수 있는데, **경화한 레진에 색칠하는 방법도 표현 방법 중 하나입니다**. 편하기는 하지만 칠이 벗겨지는 경우가 있으니 레진을 위에 다시 한 번 발라서 굳혀 놓으면 좋습니다.

착색을 위해 필요한 준비물

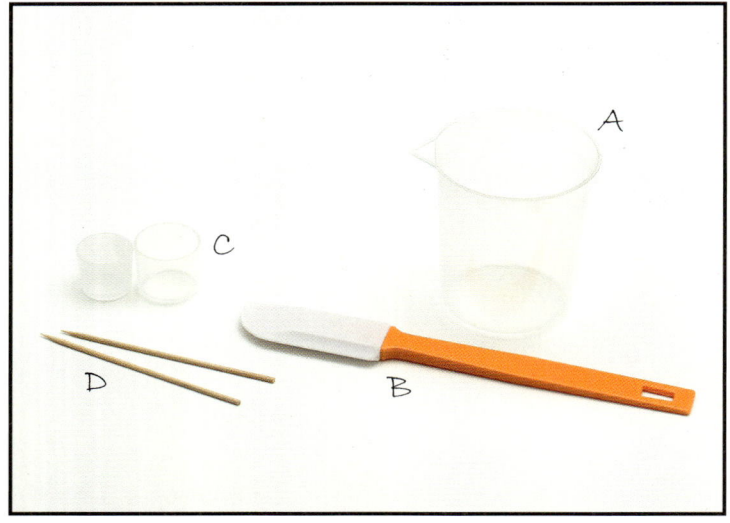

A : 플라스틱 비커
착색하고 싶은 레진액을 넣는다. 유리 소재는 NG.

B : 고무 주걱
레진액과 착색료를 잘 섞는다. 자세한 설명은 p23 참조.

C : 작은 플라스틱 컵, 실리콘 컵
착색료를 소량의 레진과 섞을 때 사용한다.

D : 대나무 꼬치
작은 용기를 이용해서 착색료를 섞을 때 사용한다.

memo
작은 용기가 꽤 쓸 만하다!
스프레이 뚜껑 등의 플라스틱 용기, 도시락용 실리콘 컵 등과 같이 작은 용기가 있으면 보관해 놓읍시다. 착색료를 레진액에 섞을 때 유용합니다.

LESSON 2 / 착색 및 재료 봉입 방법

착색에 사용할 수 있는 염료의 종류

\ 이런 제품도 사용할 수 있어요 /

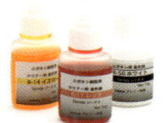 

↑ 기타 수지용 착색료

각 제조회사에서 수지용 착색료를 발매하고 있습니다. 원하는 색을 찾아서 사용하세요.

에폭시용 착색제(블레니 기술연구소),
퓨어 컬러(Five C) ※ 우레탄에도 사용할 수 있습니다.

↑ 수지 착색용 염료

투명색으로 착색하고 싶을 때 사용합니다. 레진액과 잘 섞이고 투명한 느낌을 유지한 상태로 티 없이 깨끗하게 완성됩니다. 레진을 착색할 때는 병을 흔들지 말고 위에 생긴 맑은 부분을 사용하면 좋습니다.

수지 착색용 염료 SDN (오사카가세힌)

↑ 펜용 잉크

수성 안료 잉크는 색의 종류가 풍부하다는 장점이 있습니다. 굳이 색을 서로 섞지 않아도 좋아하는 색을 쉽게 찾을 수 있지만, 잘 섞이는 잉크와 잘 섞이지 않는 잉크가 있으므로 소량의 레진액을 이용해서 시험해 본 뒤에 사용하세요.

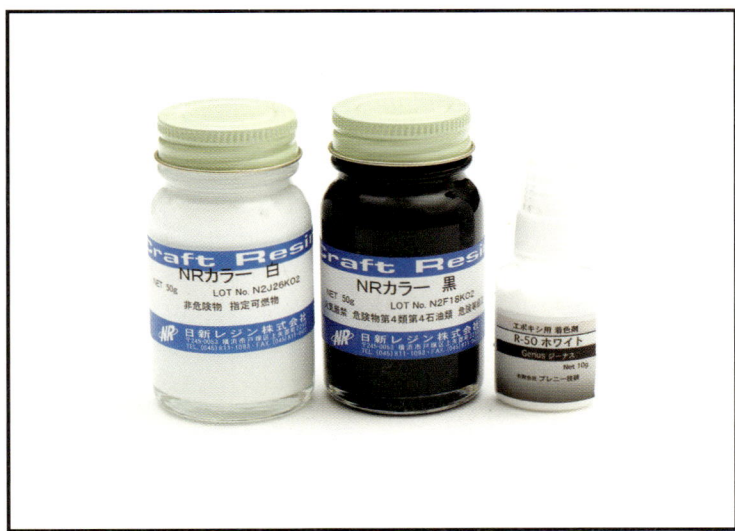

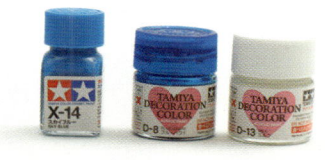

↑ 물감

에나멜 물감과 아크릴 물감이 있습니다. 안료를 너무 많이 넣으면 경화 불량을 일으키므로 레진 전체의 3퍼센트 이하를 기준으로 해서 사용하기 바랍니다. 아크릴 물감은 에나멜 물감보다 경화 불량을 일으키는 원인이 되기 쉬우니 사용할 때 주의하세요.

타미야 컬러 에나멜 물감(타미야),
타미야 데커레이션 컬러(타미야)

↑ 수지 착색용 안료

안료는 염료보다 입자가 커서 레진액에 잘 녹지 않고 작은 입자가 분산된 형태로 탁한 색을 칠할 수 있습니다. 따라서 백탁 효과를 내고 싶거나 다른 색과 섞어서 밀키 컬러를 만들고 싶을 때 적합합니다.

NR 컬러(닛신 레진),
에폭시용 착색제 불투명색(블레니 기술연구소)

기본적인 착색 방법

염료(투명 착색)

1. 염료를 레진액에 넣는다. 조금씩 더해 가면서 색의 농도를 조절해야 한다.

2. 고무 주걱을 이용해서 천천히 골고루 섞는다. 색이 균일해질 때까지 잘 섞는다.

주의하세요!
염료를 레진액에 넣을 때는 되도록 소량을 사용하세요. 너무 많이 넣으면 경화 불량을 일으켜서 잘 굳지 않습니다.

안료(밀키 컬러)

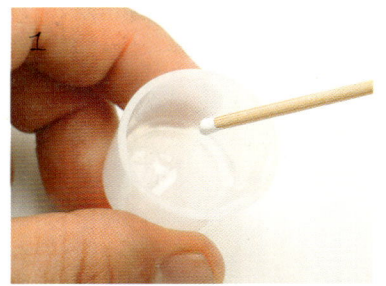  

1. 다른 컵에 소량의 레진액을 덜어 내서 안료를 섞는다.

point : 안료를 착색하고 싶은 레진액 전체에 직접 넣으면 잘 섞이지 않으므로 따로 소량의 레진액을 착색한 뒤 이를 전체에 섞도록 하자.

2. 덜어낸 용기의 크기에 맞춰서 대나무 꼬치 등을 이용하여 레진액을 잘 섞는다.

3. 안료를 섞은 레진액을 전체 레진액에 넣고 섞는다. 레진액끼리 섞으면 얼룩 없이 깨끗하게 착색할 수 있다.

잉크

1. 다른 컵에 소량의 레진액을 덜어 내서 잉크를 섞는다.

point : 잉크를 착색하고 싶은 레진액 전체에 직접 넣으면 잘 섞이지 않으므로 따로 소량의 레진액을 착색한 뒤 이를 전체에 섞도록 하자.

2. 덜어낸 용기의 크기에 맞춰서 대나무 꼬치 등을 이용하여 레진액을 잘 섞는다. 전용 염료 등에 비해 잘 섞이지 않으므로 정성껏 섞는다.

3. 잉크를 섞은 레진액을 전체 레진액에 넣고 섞는다. 레진액끼리 섞으면 얼룩 없이 깨끗하게 착색할 수 있다.

LESSON 2 / 착색 및 재료 봉입 방법

technique 1 마블 무늬

착색료를 다 섞지 않으면 마블 무늬를 만들 수 있습니다.
진한 색을 사용하면 변화가 두드러져서 한 눈에 알아보기 쉬워집니다.

1

2

3

레진액을 몰드에 붓는다. 세 시간 정도 지나면 염료를 대나무 꼬치나 핀에 묻혀서 레진액 속에 천천히 넣는다.

point : 레진의 열에 의해 색이 퍼지므로 레진액을 안정시킨 후에 작업한다.

대나무 꼬치를 천천히 넣고 움직여서 무늬를 만든다. 빨리 움직이면 기포가 생기므로 주의하자. 여러 번 반복하여 원하는 무늬가 만들어지면 밀폐 용기에 넣은 뒤 냉장고에서 반나절 정도 식혀서 무늬를 고정한다.

냉장고에서 꺼낸 뒤 밀폐 용기에 넣은 상태로 하루 동안 경화시킨다.

technique 2 하트 무늬

대나무 꼬치를 사용한 기술로 마블 무늬를 응용하면 라떼 아트처럼 하트 무늬를 그릴 수 있습니다.

1

2

3

레진액에 포인트를 주듯이 불투명한 색으로 착색한 레진액을 대나무 꼬치에 묻혀서 넣는다.

불투명한 색으로 착색한 레진 위에 다른 색으로 착색한 레진을 얹는다.

2의 중앙을 아래쪽으로 끌어내리듯이 대나무 꼬치를 움직인다. 가볍게 움직이면 레진액이 함께 움직여서 하트 무늬가 완성된다.

point : 마블 무늬(2~3)와 마찬가지로 무늬를 만들고 나면 냉장고에 반나절 정도 넣어 놓고 경화시킨다.

---

memo

UV 레진의 착색

UV 레진을 세팅이나 몰드에 붓기 전에 작은 용기에 덜어서 착색합니다. 착색한 후에 쉽게 넣을 수 있도록 계량스푼을 이용하면 좋습니다. 점성이 높아서 착색료가 잘 섞이지 않는 경우도 있는데, 그럴 때는 전자레인지에 넣고 10~15초 정도 돌려서 레진액을 부드럽게 하면 착색료가 잘 섞입니다.

UV 레진에는 자외선을 통과시키는 투명 안료를 사용합니다. 자외선이 통과하지 않는 착색료를 사용하면 굳지 않을 수 있습니다.
투명 안료 피카 에이스(구라치)

※알루미늄처럼 금속 재질로 된 스푼은 사용하지 않도록 주의하세요.

sample
착색의 종류

··

투명색이나 밀키 컬러뿐만 아니라 농도를 바꾸거나 다른 색끼리 섞거나
글리터를 섞는 등 여러 가지 표현 방법이 있습니다.

▍염료를 넣어 착색한 투명색

a: 분홍색, 갈색 염료를 단색으로 사용한다. 각각 왼쪽이 소량을 섞은 것으로 투명도가 높다. 똑같은 염료라도 더하는 양을 늘리면 각각 오른쪽과 같이 색이 진해진다.

b: 염료끼리 섞어서 만든 색. 위쪽은 빨간색과 파란색을 섞어서 보라색을 만들었고, 아래쪽은 파란색과 노란색을 섞어서 녹색을 만들었다. 사진처럼 투명색끼리 섞으면 투명도가 유지된다.

▍물감을 이용한 착색

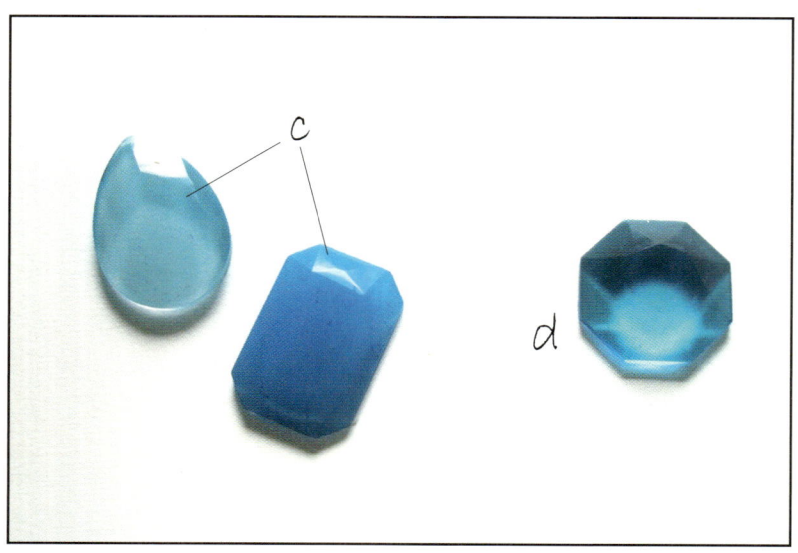

c: 에나멜 물감을 넣어 착색했다. 위쪽은 소량을 넣었고 아래쪽은 조금 진하게 만들었다. 투명한 염료보다 약간 선명하게 물든다.

d: 아크릴 물감을 넣어 착색했다. 에나멜 물감보다 경화 불량이 잘 일어나므로 사용량에 주의하자.

LESSON 2 / 착색 및 재료 봉입 방법

■ 안료(+염료)를 넣어 착색한 밀키 컬러

e : 흰색 안료만 넣고 착색해서 불투명한 흰색으로 완성됐다. 이 흰색을 다른 색 염료에 섞으면 밀키 컬러가 된다.

f : 분홍색 염료와 흰색 안료를 섞었다. 각 착색료의 양에 따라 분홍색의 농도가 달라진다.

g : 파란색 염료와 흰색 안료를 섞어서 불투명한 하늘색을 만들었다.

h : 노란색 염료와 흰색 안료를 섞었다.

i : 갈색 염료와 흰색 안료를 섞어서 초콜릿색을 만들었다.

j : 안료를 넣지 않아도 단색을 이용해서 밀키 컬러로 완성되는 불투명한 착색료(퓨어 컬러, 연한 옥색).

■ 기타 착색(글리터를 넣은 착색, 무늬 착색 등)

k : 착색하지 않은 레진액에 세 가지 색의 글리터(녹색, 파란색, 흰색)를 넣었다. 착색료를 사용하지 않고 글리터를 섞기만 해도 색의 느낌이 달라진다.

l : 금색 글리터를 넣었다. 왼쪽은 레진액을 오렌지색으로 착색했고 오른쪽은 착색하지 않았다.

m : 염료를 넣어 착색한 두 가지 색의 레진액(파란색, 녹색)을 똑같은 몰드에 동시에 부어서 한가운데에서 서로 자연스럽게 섞이며 경화하도록 했다. 레진액은 경화할 때도 열이 전달되므로 몰드에 부은 직후와는 무늬의 모습이 다르다.

n : 흰색 안료를 넣어 착색한 불투명한 레진액에 소량의 파란색 염료를 그대로 넣고 대나무 꼬치로 살짝 움직인다. 불투명함 속에 진한 염료 색이 무늬처럼 드러난다.

6색으로 빛나는 무지개 펜던트 톱

에폭시 · 착색
★★★☆☆

몰드
직경 1cm의 버블티 음료용 빨대

point : 버블티 음료용 빨대에 테이프를 붙여서 바닥을 만들어 사용한다. 경화 후에는 빨대를 가로로 잘라서 분리하므로 빨대의 길이는 레진을 흘려 넣는 높이보다 1cm 정도 길게 한다. 펜치 사이에 끼워서 누르면서 빨대를 자르자. 물론 원기둥 모양의 원형을 만들어 양면 몰드를 제작해도 좋다.

재료
에폭시 레진
착색료 … 염료(빨간색, 노란색, 오렌지색, 녹색, 파란색, 보라색)
래커(유광)
액세서리 부자재 … T핀, 비드캡(꽃받침), 알루미늄 장미, 연결 장식, 아티스틱 와이어, 체인

만드는 방법

1. 보라색으로 착색한 레진액을 몰드에 붓는다. ▶경화
2. 나머지도 한 가지 색씩 경화시키면서 6층을 만든다. ▶경화×5
3. 레진을 몰드에서 분리하여 가장자리의 거스러미를 제거한 뒤 연마한다.
4. 래커를 칠해서 광택을 낸다.
5. 루터를 이용해서 구멍을 뚫은 뒤, 비드캡과 알루미늄 장미를 꿰어 놓은 T핀을 꽂는다 (UV 레진을 바르고 5분 동안 자외선을 조사해서 접착한다).
6. 연결 장식을 달아서 알루미늄 장미를 연결한다.
7. 체인을 연결한다.

memo
층의 폭을 균일하게 만든다

몰드에 붓는 레진액의 양을 똑같이 해서 6층의 폭을 균일하게 만듭니다. 착색한 레진액을 스포이트에 넣고 몇 번 떨어뜨릴지 분량을 정해 놓으세요.

LESSON 2 / 착색 및 재료 봉입 방법

천연석풍의 레진 장식

에폭시 | 양면 몰드 | 착색 | 봉입

★★★★☆

몰드

원형(유리 소재의 돌)

실리콘 → 원형을 사용해서 양면 몰드를 만든다.

재료

에폭시 레진
착색료 … 염료([A] 갈색, [B, C] 보라색)
래커(유광)
봉입 재료 … 드라이플라워([A] 장미)

만드는 방법

1 몰드를 덮고 레진액을 주입한다.
▶ **경화**

[A] 드라이플라워를 넣은 뒤 몰드를 덮고 갈색으로 착색한 레진액을 주입한다.

[B][C] 보라색으로 착색한 레진액을 먼저 주입한 뒤 투명한 레진액을 천천히 흘려 넣는다.

2 레진을 몰드에서 분리하여 가장자리의 거스러미를 제거한 뒤 연마한다. [C]는 사포로 문질러 표면을 불투명하게 가공한다.

3 [A][B] 래커를 칠해서 광택을 낸다.

memo

경계가 모호한 착색

경화하기 전에 레진액 두 가지 색을 똑같은 몰드에 부으면 색의 경계가 모호해져서 환상적인 느낌을 연출할 수 있습니다. 서로 다른 색의 레진액을 동시에 넣으면 색이 어우러지며, 한 가지 색씩 순서대로 넣으면 색색의 농담을 느낄 수 있는 작품으로 완성됩니다.

LESSON 2 / 착색 및 재료 봉입 방법

에폭시 평면 몰드 착색

밀키 컬러로 착색한 해골 모티프

☆★★★★

몰드

해골 모양의 몰드

재료

UV 레진
에폭시 레진
장식 재료 … 리본 참 장식, 여러 색의 라인스톤, 움직이는 인형 눈
액세서리 부자재 … 아이볼트, 디자인 O링, 게고리
착색료 … [A] 염료(분홍색), 안료(흰색)+글리터, [B] 안료(흰색)+글리터

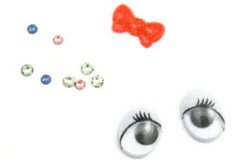

만드는 방법

1. 레진액을 불투명한 색으로 착색한 뒤 글리터를 섞어서 몰드에 붓는다. ▶ **경화**
2. 레진을 몰드에서 분리하여 가장자리의 거스러미를 제거한 뒤 연마한다.
3. UV 레진을 투명 시트에 덜어 내서 글리터를 섞은 뒤 하트와 눈물 모양으로 만든다. ▶ **UV 램프에 넣고 2분 동안 자외선 조사**
4. 3에 UV 레진을 발라서 라인스톤을 접착한다. ▶ **UV 램프에 넣고 2분 동안 자외선 조사**
   point : 레진을 시트에서 떼어 낸 다음 가위로 잘라서 모양을 잡는다.
5. 2에 UV 레진을 발라서 4와 장식 재료를 접착한다. ▶ **UV 램프에 넣고 2~4분 동안 자외선 조사**
6. 루터를 이용해서 구멍을 뚫고 아이볼트를 꽂는다(에폭시 레진을 발라서 접착한다). 아이볼트에 디자인 O링과 게고리를 단다. 취향에 따라 볼 체인 등을 연결한다.

memo

두꺼운 모양은 에폭시 레진을 사용해서 만들자

두께가 5mm 이상인 모양으로 만들고 싶을 때는 UV 레진을 사용하면 굳지 않을 수 있습니다. 어느 정도 두껍게 만들 때는 에폭시 레진이 효율적입니다. 장식할 때는 UV 레진을 이용하는 등 잘 구분해서 사용합시다!

지구 키홀더

에폭시 | 평면몰드 | 착색

★★☆☆☆

몰드

직경 6cm짜리 원형 몰드

재료

에폭시 레진
착색료 … 에나멜 물감(하늘색), 아크릴 물감(블루 하와이색, 유백색)
봉입 재료 … OHP 필름(일러스트, 글자)
액세서리 부자재 … 아이볼트, 디자인 O링, 게고리

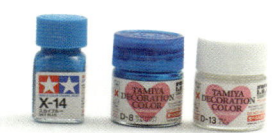

만드는 방법

1. 레진액을 하늘색, 블루 하와이색, 유백색으로 각각 착색한다.

2. 블루 하와이색의 레진액을 조금 남겨 놓고 몰드에 부은 후, 그 위에 하늘색 레진액을 붓는다. 두 가지 색이 어우러져 마블 무늬가 되도록 대나무 꼬치를 이용해 가볍게 휘젓는다. ▶ 경화

3. OHP 필름(일러스트)을 올려놓고 레진액(무착색)을 붓는다. ▶ 경화

4. 레진을 굳히는 도중에 블루 하와이색과 유백색의 레진액을 조금 떨어뜨린 뒤 대나무 꼬치를 이용해 가볍게 휘저어서 무늬를 만든다. ▶ 경화

5. 레진을 몰드에서 분리한 뒤 OHP 필름(글자)을 올려놓고 레진액(무착색)을 붓는다. 표면 장력을 이용해서 가장자리를 둥글게 만든다. ▶ 경화

6. 루터를 이용해서 구멍을 뚫고 아이볼트를 꽂은 다음(에폭시 레진을 발라서 접착), 디자인 O링을 달고 체인을 연결한다.

> **memo**
>
> **레진을 굳히는 도중에 착색료를 넣는다**
>
> 착색료를 레진액에 넣어도 액체 속에서 움직이는 탓에 마블 무늬를 만들기가 조금 어렵습니다. 경화가 어느 정도 진행되어 레진액에 점성이 생겼을 때 착색하는 것이 중요합니다.

LESSON 2 / 착색 및 재료 봉입 방법

펭귄 일러스트를 넣은 투명 펜던트

에폭시 · 평면 몰드 · 봉입 · 착색

★★☆☆☆

몰드

원형용 석분 점토
실리콘
→ 점토로【사각 보석 모양】을 만든 뒤 실리콘으로 몰드를 만든다.

재료

UV 레진
에폭시 레진
착색료 … 물감(클리어 블루색)
봉입 재료 … 고품질 종이에 인쇄한 일러스트(펭귄)
※ 양면을 맞붙여서 사용하므로 2장을 인쇄한다.
액세서리 부자재 … 9핀, O링, 체인, 펄 비즈
※ O링을 이용해서 체인에 펄 비즈를 달아 놓는다.

point : 일러스트의 양면에 UV 레진을 발라서 코팅해 놓으면 얼룩을 방지할 수 있다.

만드는 방법

1. 레진액을 몰드에 조금 붓는다. ▶ **경화**
2. 1에 레진액을 조금 붓고 일러스트(펭귄)를 넣는다. ▶ **경화**
3. 레진액을 몰드에 가득 붓는다. ▶ **경화**
4. 레진을 몰드에서 분리하여 가장자리의 거스러미를 제거한다.
5. 클리어 블루색으로 착색한 UV 레진을 아래쪽(양면)에 바른다. ▶ **UV 램프에 넣고 양면에 1분씩 자외선 조사**
6. 5에서 레진을 바른 부분에 UV 레진(무착색)을 겹쳐 발라서 코팅한다. ▶ **UV 램프에 넣고 양면에 1분씩 자외선 조사**

point : 옆면도 잊지 말고 바른다.

7. 9핀(끝을 짧게 자른다)을 뒷면에 올려놓고 UV 레진을 붓는다. ▶ **UV 램프에 넣고 2분 동안 자외선 조사**
8. 다시 한 번 UV 레진을 부어서 뒷면을 확실히 덮는다. ▶ **UV 램프에 넣고 2분 동안 자외선 조사**
9. O링을 9핀에 달아서 체인을 연결한다.

memo

부분적인 착색은 붓을 활용한다

착색한 UV 레진을 붓으로 바르면 특정 부분에 색을 칠할 수 있습니다. 붓은 미리 UV 레진에 담가서 공기를 뺀 뒤 사용합시다.

뒷면 / 9핀

basic : *inclose*
재료 봉입의 기본

투명한 레진은 여러 가지 재료를 속에 넣을 수 있습니다.
더욱 아름답게 봉입하기 위한 요령을 터득해 봅시다.

● 재료를 봉입할 때의 포인트

장식 재료를 레진액 속에 넣을 때는 최대한 기포가 생기지 않도록 주의해야 합니다. 모양이 올록볼록하고 복잡하거나 속에 공기가 들어 있는 소재 등은 레진액에 넣을 때나 경화시키는 동안 레진액 속에 기포를 발생시킵니다. 가능한 한 기포를 빼거나 사전에 기포가 생기지 않도록 처리해 놓읍시다. 또 앞뒤, 상하좌우가 있는 소재는 사용하는 몰드나 세팅에 따라 작품의 표면이 되는 쪽을 착각하지 않도록 주의하기 바랍니다.

수분을 머금고 있는 소재나 식품은 주의하세요!

수분을 머금고 있는 소재는 봉입 재료에 적합하지 않습니다. 레진액 속에 들어간 수분이 열에 의해 증발해서 레진 안쪽이 뿌옇게 흐려지기 때문입니다. 또 꽃이나 잎사귀, 열매는 싱싱한 상태 그대로 레진 속에 넣으면 까맣게 변색되므로 반드시 말린 후에 봉입하세요. 사탕이나 과자처럼 설탕을 많이 함유한 재료를 봉입한 경우, 레진으로 얇게 덮여 있더라도 열에 의해 녹은 당분이 레진의 표면으로 나올 수 있습니다.

\ 기본 순서를 기억합시다! /

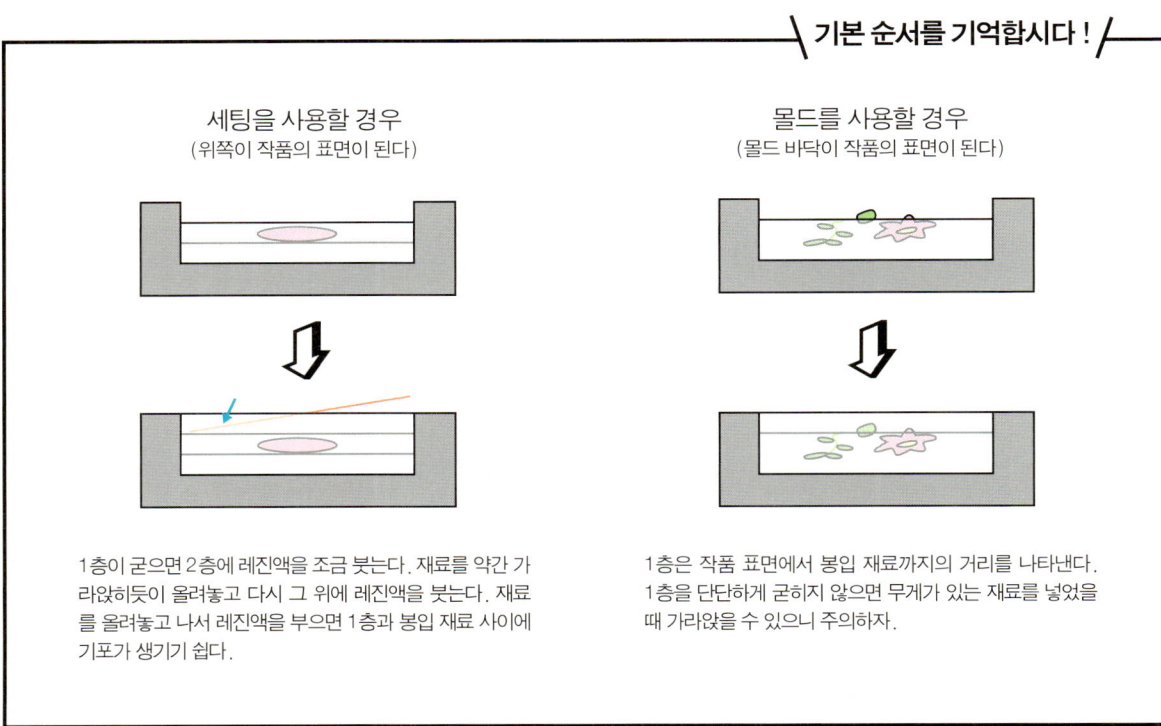

세팅을 사용할 경우
(위쪽이 작품의 표면이 된다)

1층이 굳으면 2층에 레진액을 조금 붓는다. 재료를 약간 가라앉히듯이 올려놓고 다시 그 위에 레진액을 붓는다. 재료를 올려놓고 나서 레진액을 부으면 1층과 봉입 재료 사이에 기포가 생기기 쉽다.

몰드를 사용할 경우
(몰드 바닥이 작품의 표면이 된다)

1층은 작품 표면에서 봉입 재료까지의 거리를 나타낸다. 1층을 단단하게 굳히지 않으면 무게가 있는 재료를 넣었을 때 가라앉을 수 있으니 주의하자.

LESSON 2 / 착색 및 재료 봉입 방법

technique 1 　종이, 천

레진액이 잘 스며들어서 봉입하기 전과 색이 달라지거나 투명해지지만, 사전 처리를 해 놓으면 이런 변화를 줄일 수 있습니다.

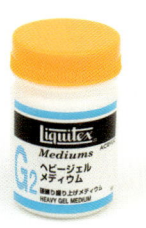

미디엄을 바른다
물감 용제인 미디엄을 바르면 레진액이 잘 스며들지 않는다. 미디엄을 바른 후 확실히 건조시키고 나서 사용한다.

UV 레진을 발라서 코팅한다
레진액 속에 넣기 전에 미리 UV 레진을 발라서 양면을 코팅한다. 빨리 경화시킬 수 있어서 레진액이 잘 스며들지 않고, 봉입했을 때 레진액과 잘 어우러져서 기포가 쉽게 생기지 않는다.

point

투명해질 경우에는 뒷면을 칠한다
종이나 천을 레진액에 담갔더니 투명해져서 뒤쪽이 비쳐 보일 때는 아크릴 물감(흰색)을 뒷면에 칠해 투명해지는 것을 방지한다.

technique 2 　비즈, 참 장식 종류

레진액이 스며들거나 투명해지지 않아서 쉽게 사용할 수 있는 소재입니다. 사소한 요령을 터득해서 훨씬 더 예쁘게 사용합시다.

레진액을 비즈 구멍에 바른다
구멍이 있는 비즈를 레진액에 넣으면 구멍에서 공기가 빠져나와 기포가 생긴다. 미리 레진액을 구멍에 발라 놓으면 좋다.

입체적으로 배치할 수 있다
귀여운 디자인이 많은 참 장식은 쉽게 사용할 수 있는 아이템이다. 조금 큼직한 장식을 사용해서 레진액 밖으로 빠져나오도록 디자인할 수도 있다.

technique 3 　투명 스티커, OHP 필름

종이에 비해 기포가 잘 생기지 않고 그림이나 글자를 제외한 부분이 투명해서 사용하기 좋습니다.

memo
OHP 필름이란?
일러스트나 사진을 인쇄할 수 있는 투명한 시트를 말합니다. 잉크젯이나 레이저 프린터용 등 제조회사에 따라 종류가 다양하므로 사용하는 프린터나 잉크에 맞는 OHP 필름을 준비하세요. 인쇄 부분 외에는 경화 후에 거의 보이지 않아서 투명한 느낌이 드는 작품을 완성할 수 있습니다.

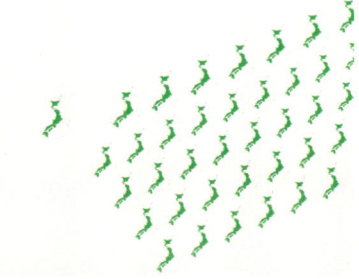

배경의 여백은 줄인다
투명하다고는 해도 여백은 최대한 잘라 놓자.

LESSON 2 / 착색 및 재료 봉입 방법

`UV` `에폭시` `평면 몰드` `뒷면 새김`

참 장식을 넣은 마카롱 키홀더
★★☆☆☆

몰드

원형용 석분 점토
실리콘
→ 점토로 【2분의 1 크기의 마카롱 모양】을 만든 뒤 실리콘으로 몰드를 만든다.

재료

A
- **에폭시 레진**
  착색료 … 염료(분홍색), 안료(펄)
  발포 우레탄
  착색료 … 염료(분홍색)
  봉입 재료 … 고무점토 장식(장미), 메탈 장식(꽃, 앨리스), 스티커, 펄 비즈
  액세서리 부자재 … 아이볼트, 키홀더 장식

B
- **에폭시 레진**
  착색료 … 염료(검은색), 안료(펄)
  발포 우레탄
  착색료 … 안료(진분홍색)
  봉입 재료 … 고무점토 장식(장미), 메탈 장식(꽃, 팅커벨), 스티커, 펄 비즈
  액세서리 부자재 … 아이볼트, 이어캡

만드는 방법 A

1. 레진액을 몰드에 조금 붓고 메탈 장식(꽃), 스티커(글자, 트럼프, 토끼)를 넣는다. ▶ 경화
2. 1에 레진액을 조금 붓고 메탈 장식(앨리스), 고무점토 장식(장미), 펄 비즈를 넣는다. ▶ 경화
3. 2에 레진액을 조금 붓고 스티커(시계)를 넣는다. ▶ 경화
4. 분홍색 염료와 펄 안료를 섞은 레진액을 몰드에 가득 찰 때까지 붓는다. ▶ 경화
5. 레진을 몰드에서 분리한 뒤 루터를 이용해서 착색 부분에 구멍을 뚫고 아이볼트를 꽂는다.
6. 분홍색으로 착색한 발포 우레탄을 몰드에 부어서 굳힌 뒤 몰드에서 분리한다.

point : 평평한 면을 가위 등으로 긁어서 약간 거칠게 만들어 접착력을 높인다.

7. 투명실리콘을 이용해서 5와 6을 접착한다.
8. 키홀더 장식을 아이볼트에 연결한다.

만드는 방법 B

→ A의 만드는 방법을 참고해서 윗면과 아랫면의 색이 서로 다른 마카롱을 만든 후, 이어캡을 부착한다.

4

5

6
앞면 뒷면

technique 4   고무점토 장식

자신만의 독창적인 장식을 만들 수 있습니다.
완성된 작품을 의식해서 적당한 크기로 준비합시다.

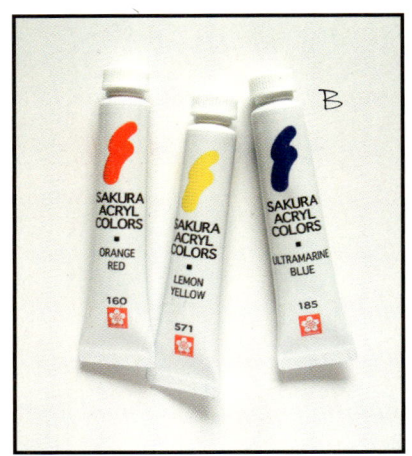

고무점토 장식을 만드는 데 필요한 준비물

A : 고무점토
자연 건조로 굳히는 점토. 쉽게 착색할 수 있는 흰색, 또는 빨간색이나 검은색처럼 착색으로 좀처럼 표현할 수 없는 진한 색의 점토가 있다.

B : 물감
수채화 물감이나 아크릴 물감을 고무점토에 섞어서 사용한다.

고무점토 장식(장미)을 만드는 방법

1 점토를 착색해서 얇게 편다. 이것으로 꽃술과 꽃잎을 만든다.

2 얇게 편 점토를 돌돌 말아서 꽃술을 만들고 그 위에 꽃잎을 붙인다.

3 꽃잎을 바깥쪽으로 벌리듯이 겹쳐서 붙인다. (여기서는 다른 색을 사용했다)

4 꽃잎 아래쪽의 꽃술을 자르면 완성.

point 컬러 점토를 이용한다
여기서는 착색용 고무점토인 '그레이스 컬러(닛신)'를 사용했다. 점토가 끈적거리지 않아서 다루기 쉽다. 분홍색, 빨간색, 파란색을 써서 장미를 만들었다.

memo
확실히 건조시켜서 봉입한다
고무점토는 2~4일 정도 확실히 건조시킨 후에 봉입해야 합니다. 건조시킨 완성품은 장기 보관할 수 있으므로 고무점토 장식을 만들 때 필요한 것 외에도 함께 만들어 놓아도 무방합니다.

LESSON 2 / 착색 및 재료 봉입 방법

에폭시 평면 몰드 착색 봉입

장미 스틱 키홀더

★★☆☆☆

몰드

스틱 모양의 몰드(제빙기)

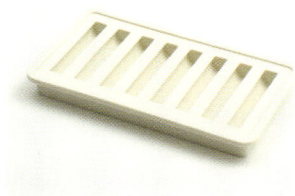

재료

에폭시 레진
착색료 … 염료(분홍색), 안료(흰색)
봉입 재료 … 고무점토 장미, 모조 진주, 메탈 장식, 스티커(레이스), 글리터
액세서리 부자재 … 아이볼트, 키홀더 장식

> **memo**
> **불투명 착색의 매력**
> 불투명하게 착색한 레진을 배경으로 하고 투명한 레진 부분에 봉입 재료를 넣으면, 레진의 투명감을 작품에 살리면서 진한 색이 돋보이는 디자인으로 완성할 수 있습니다.

만드는 방법

1. 레진액을 몰드에 붓고 스티커(레이스)를 넣는다(1층). ▶ 경화

2. 다시 레진액을 몰드에 붓고 장미, 모조 진주, 메탈 장식을 넣는다(2층). ▶ **경화, 굳기 시작하면 글리터를 뿌린다.**

3. 분홍색으로 착색한 레진액을 몰드에 가득 찰 때까지 붓는다(3층). ▶ 경화

4. 레진을 몰드에서 분리하여 가장자리의 거스러미를 제거한 뒤 연마한다.

5. 루터를 이용해서 구멍을 뚫고 아이볼트를 꽂는다.

6. 키홀더 장식을 연결한다.

technique 5 — 드라이플라워, 압화

꽃 자체의 성질이나 가공법에 따라 레진액이 스며들어 투명해지거나 그렇지 않은 종류가 있습니다.

드라이플라워

봉입할 때는 부어 놓은 레진액 속에 담그듯이 조금 가라앉혀서 넣고 자연스럽게 뜬 상태로 경화시킨다. 드라이플라워를 띄워 놓기만 하면 레진 층과 드라이플라워 사이에서 기포가 발생하기 쉽다. 꽃잎 사이에 있는 공기가 잘 빠져나오도록 줄기부터 천천히 담그면 좋다.

드라이플라워는 입체적이고 두께가 있어서 어느 정도 깊이가 있는 몰드나 양면 몰드를 사용할 때 적합하다. 꽃잎이 겹쳐 있는 부분처럼 울퉁불퉁한 부분은 레진액에 직접 담그면 기포가 생기기 쉽다. 미리 붓 등을 이용해서 레진액을 발라 놓으면 몰드에 그대로 넣어도 기포가 잘 생기지 않는다.

압화

꽃잎을 핀셋으로 집었을 때 힘을 주면 파손되어 그 부분으로 레진액이 스며드는 경우가 있다. 미리 UV 레진을 발라서 코팅해 놓으면 작업 시 이런 염려를 하지 않아도 된다.

레진액에 담갔을 때 투명해지는 종류는 아크릴 물감(흰색)을 뒷면에 칠해서 비쳐 보이지 않도록 하면 좋다. 꽃잎 색도 옅어지지 않고 선명하게 나타난다.

칠하지 않은 상태 / 칠한 상태

얇고 납작해서 세팅이나 두껍지 않은 몰드에 적합하다. 여러 층을 쌓아야 하는 디자인에도 어울린다. 드라이플라워에 비해 기포가 잘 생기지 않지만, 종류에 따라 투명해지는 경우가 많으므로 시험 삼아 만들어 보거나 사전 준비(오른쪽 참조)를 확실히 해야 한다.

LESSON 2 / 착색 및 재료 봉입 방법

압화를 넣은 물방울 모양 펜던트

에폭시 | 양면 몰드 | 봉입

몰드

원형용 석분 점토
실리콘

→ 점토로 【물방울 모양】을 만든 뒤, 실리콘으로 양면 몰드를 만든다(p58-61 참조).

재료

UV 레진
에폭시 레진
봉입 재료 …고품질 종이에 인쇄한 일러스트(다람쥐), 압화(물망초, 유채꽃, 버베나(오렌지색, 흰색), 불비넬라, 레이스 플라워)

※ 일러스트와 압화는 UV 레진을 양면에 발라 코팅해서 얼룩과 변색을 막는다. 일러스트 종이는 뒷면에 흰색 아크릴 물감을 칠하면 투명해지는 것을 방지할 수 있다.

액세서리 부자재 … 9핀, O링, 체인(무광 금색)

만드는 방법

1. 몰드 [앞면] [뒷면]에 레진액을 조금 붓는다. ▶ 경화
2. 레진액을 몰드 [앞면]에 조금 붓고 물망초와 일러스트(다람쥐)를 넣는다. 몰드 [뒷면]에도 레진액을 조금 붓고 레이스 플라워를 넣는다. ▶ 경화
3. 다시 레진액을 몰드 [앞면]에 조금 붓고 버베나(오렌지색)와 유채꽃을 넣는다. 몰드 [뒷면]에도 레진액을 조금 붓고 버베나(흰색)를 넣는다. ▶ 경화
4. 레진액을 몰드 [앞면]에 조금 붓고 불비넬라를 넣는다. ▶ 경화
5. 실리콘 몰드를 덮고 레진액을 주입한다. ▶ 경화
6. 레진을 몰드에서 분리하여 가장자리의 거스러미를 제거한 뒤 경계선을 연마한다.
7. 핀 바이스를 이용해서 구멍을 뚫고 9핀을 꽂는다(접착제를 발라 고정한다).
8. UV 레진을 발라서 양면을 코팅한다. ▶ UV 램프에 넣고 3분 동안 자외선 조사
9. O링을 9핀에 달고 체인을 연결한다.

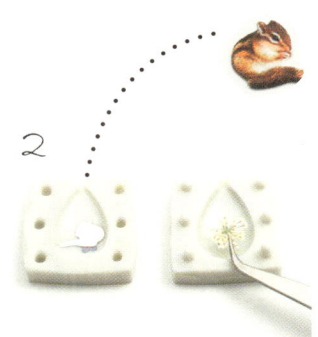

몰드의 양면에 봉입 재료를 넣는다. 이때 각각 가장 바깥쪽에 위치하는 재료부터 넣는다.

장미와 나비가 있는 브로치

에폭시 | 평면 몰드 | 봉입

★★★☆☆

몰드

원형용 석분 점토
실리콘
→ 점토로 【압화보다 조금 큼직한 모양】을 만든 뒤, 실리콘으로 몰드를 만든다(p56-57 참조).

재료

UV 레진
에폭시 레진
봉입 재료 … 압화(장미, 잎사귀, 줄기)
고품질 종이에 인쇄한 일러스트(나비)
※ 양면을 맞붙여서 사용하므로 2장을 인쇄한다.
액세서리 부자재 … 브로치 핀, 9핀, 체인, O링

point : 일러스트와 압화는 UV 레진을 양면에 발라 코팅해 놓으면 얼룩과 변색을 방지할 수 있다.

만드는 방법

1. 일러스트의 양면이 앞면이 되도록 9핀을 가운데에 끼워서 맞붙인 뒤 UV 레진을 발라 코팅한다. ▶ **UV 램프에 넣고 양면에 1분씩 자외선 조사**
2. 레진액을 몰드에 조금 붓는다. ▶ **경화**
3. 다시 레진액을 몰드에 조금 붓고 압화(장미)를 넣는다. ▶ **경화**
4. 3에 레진액을 조금 붓고 압화(잎사귀, 줄기)를 넣는다. ▶ **경화**
5. 레진액을 몰드에 가득 찰 때까지 붓는다. ▶ **경화**
6. 레진을 몰드에서 분리하여 가장자리의 거스러미를 제거한 뒤 연마한다.
7. 루터를 이용해서 구멍을 뚫고 9핀을 꽂는다(접착제를 발라 고정한다).
8. 앞면에 UV 레진을 발라 코팅해서 광택을 낸다. ▶ **UV 램프에 넣고 3분 동안 자외선 조사**
9. 뒷면에 접착제를 발라서 브로치 핀을 고정하고, 그 위에 UV 레진을 도포하여 브로치 핀의 접착면을 심어 넣는다. ▶ **UV 램프에 넣고 3분 동안 자외선 조사**
10. 체인을 9핀에 달고 1의 나비를 연결한다.

memo

봉입하고 싶은 재료의 모양에 맞춰 몰드를 만든다

원형부터 손수 만들 때의 장점은 자신이 좋아하는 모양으로 만들 수 있다는 점입니다. 몰드에 맞춰서 디자인을 정하는 방법도 좋지만, 봉입하고 싶은 재료에 맞춰서 몰드를 만드는 방법 또 다른 재미를 느낄 수 있습니다.

LESSON 2 / 착색 및 재료 봉입 방법

| 에폭시 | 평면 몰드 | 봉입 |

압화와 동물로 연출한 브로치

☆☆☆☆☆

몰드

원형용 석분 점토
실리콘
→ 점토로【압화와 일러스트보다 조금 큼직한 모양】을 만든 뒤, 실리콘으로 몰드를 만든다 (p56-57 참조).

재료

UV 레진
에폭시 레진
봉입 재료 … 압화([A] 수선화 [B] 장미, 잎사귀) 고품질 종이에 인쇄한 일러스트([A] 잉꼬 [B] 다람쥐)
※ 양면을 맞붙여서 사용하므로 각각 2장씩 인쇄한다.
액세서리 부자재 … 브로치 핀

point : 일러스트와 압화는 UV 레진을 양면에 발라 코팅해 놓으면 얼룩과 변색을 방지할 수 있다.

만드는 방법

1. 레진액을 몰드에 조금 붓는다. ▶ 경화
2. 다시 레진액을 몰드에 조금 붓고 압화(수선화 또는 장미)를 넣는다. ▶ 경화
3. 2에 레진액을 조금 붓고 압화(잉꼬, 다람쥐와 잎사귀)를 넣는다. ▶ 경화
4. 레진액을 몰드에 가득 찰 때까지 붓는다. ▶ 경화
5. 레진을 몰드에서 분리하여 가장자리의 거스러미를 제거한 뒤 연마한다.
6. 앞면에 UV 레진을 발라 코팅해서 광택을 낸다.
   ▶ UV 램프에 넣고 3분 동안 자외선 조사
7. 뒷면에 접착제를 발라서 브로치 핀을 고정하고, 그 위에 UV 레진을 도포하여 브로치 핀의 접착면을 심어 넣는다.
   ▶ UV 램프에 넣고 3분 동안 자외선 조사

memo

압화는 흰색 물감을 칠해서 투명해지는 것을 방지한다

수선화와 같이 꽃의 종류에 따라 레진액에 담갔을 때 투명해지는 꽃이 있습니다. 이런 꽃의 경우에는 UV 레진을 발라 코팅한 후 뒷면에 흰색 아크릴 물감을 칠해 놓으면 투명해지는 것을 방지할 수 있습니다.

LESSON 2

Q 아무 재료나 봉입해도 상관없나요?

A 저작권에 주의하기 바랍니다.

'수분을 머금은 소재'와 같이 봉입 재료의 성질에 관해서는 42페이지를 참조하세요. 또한 저작권과 초상권을 소유하는 사진이나 그림, 인물 사진 등을 사용할 때도 주의해야 합니다. 공예에 쓸 목적으로 판매하는 소재는 자유롭게 사용해도 무방하지만, 그 밖의 목적으로 디자인한 것을 사용할 때는 주의하세요. 개인적으로 즐기는 작품은 별 문제가 없으나 만든 작품을 판매하면 권리 침해에 해당됩니다. 일례로 (개인 소유 외의 목적으로) 일본의 우표를 레진에 봉입하는 행위는 금지되어 있습니다. 사용하지 않는 우표뿐만 아니라 오래된 우표에도 저작권이 있으니 사용을 삼가세요.

Q 착색한 레진이 굳지 않는데 이유가 무엇입니까?

A 분량과 착색료를 다시 확인하세요.

에폭시 레진이 고무처럼 부드러운 상태를 유지할 경우에는 지나치게 넣은 착색료가 불순물로 바뀌어서 경화 불량을 일으킬 수 있습니다. 너무 많이 넣지 않도록 주의해야 합니다. 또한 UV 레진은 자외선이 통과할 수 없는 '착색 안료'를 사용하면 경화하지 않는 경우가 있으므로, UV 레진을 착색할 때는 '투명 안료'를 사용하세요.

Q 빨갛게 착색한 레진의 색이 점점 옅어졌어요.

A 빨간색은 자외선을 받으면 쉽게 바래는 색입니다.

이는 레진을 착색한 경우에만 해당되지 않습니다. 안타깝게도 이를 방지할 방법은 없습니다.

Q 어떤 염료든지 착색에 사용할 수 있나요?

미리 주제에 섞어 보고 확인하기 바랍니다.

소량의 주제를 덜어서 섞어 보고 잘 녹으면 착색제로 사용할 수 있습니다. 단, 수분을 함유한 소재는 적합하지 않습니다. 안료나 투명 염료, 잉크 등과 같이 서로 다른 소재끼리 섞을 경우, 예쁜 색을 만들기가 어렵고 색이 칙칙해질 수도 있습니다. 반드시 시험해 보고 나서 착색하세요.

3
실리콘 몰드와 본뜨기

작품을 많이 만들다 보면 점점 자신만의 독창성을 추구하고 싶어집니다. 시중에서 판매하는 몰드로 작품을 만드는 것이 재미없다고 느낀다면 몰드나 원형을 직접 만들어 봅시다. 처음이라도 쉽게 만들 수 있는 평면 몰드와 입체적인 조형에 적합한 양면 몰드를 둘 다 만들 수 있게 되면 작품 디자인의 폭이 넓어집니다.

basic : silicone mold
실리콘 몰드를 만드는 방법

실리콘 몰드를 직접 만들면 자신이 원하는 모양으로 레진을 성형할 수 있습니다.
평면 몰드를 이용하여 한쪽이 평면으로 완성되는 평면 본뜨기 기법과 양면 몰드를 이용하여 입체적인 모양을 만드는 양면 본뜨기 기법이 있습니다.

● 실리콘 몰드를 직접 만들 때의 장점

레진을 사용해서 만들고 싶은 모양이 있어도 시중에서 판매하는 몰드 중에서 똑같이 생긴 것을 찾기란 하늘의 별 따기입니다. 그래서 작품을 만들 때 몰드부터 생각하느라 아무래도 기성품에 얽매이기 쉽습니다. 몰드를 자유롭게 만들면 디자인의 폭이 넓어져서 다양한 작품에 도전할 수 있습니다. 또한 양면을 본뜨는 기술을 익히면 독창성이 한결 향상됩니다.

몰드의 상태에 주의하세요!

실리콘 몰드는 반복해서 사용하면 반드시 상태가 나빠지기 마련입니다. 이는 시중에서 판매하거나 직접 만든 몰드라도 다 똑같습니다. 몰드의 상태가 나빠지면 몰드와 닿는 부분의 레진이 흐릿해지거나 모양이 예쁘게 나오지 않습니다. 그 결과 몰드에서 분리한 후 칼로 깎거나 연마하여 마감하는 데 시간이 오래 걸립니다. 원형이나 사용하는 레진에 따라 다르지만, 열 번 이상 쓰면 분리한 레진의 표면과 몰드 자체에 손상이 없는지 확인하기 바랍니다. 손상되었을 때는 새 몰드로 교체해서 예쁜 작품을 완성하도록 합시다.

이렇게 활용할 수 있어요!

- ● 자신이 원하는 모양의 몰드를 만들 수 있다.
- ● 마음에 든 원형이 있으면 몰드 자체를 많이 만들어낼 수 있다.
- ● 양면을 본뜨는 기법을 이용해서 입체적인 모양을 만들 수 있다.

원형에 대해서

원형은 마음에 든 기성품을 쓰거나 직접 만들어도 상관없습니다.
단추나 비즈 등과 같이 주위에서 쉽게 볼 수 있는 물건을 원형으로 할 수 있지만, 래커를 칠하거나 점토 속에 넣어야 하므로 어느 정도 때가 잘 타지 않는 물건(또는 지저분해져도 무방한 물건)을 사용하세요(p70 주의사항 참조).
독창적인 원형을 만들 경우에는 석분 점토를 사용해서 만드는 방법을 추천합니다.

↑ 석분 점토
입자가 고운 점토로 건조시키면 석고처럼 딱딱해집니다. 칼로 깎거나 연마하여 모양을 쉽게 잡을 수 있어서 원형을 만들 때 적합합니다.

memo

그 외의 점토에 대해서

이 책에 실린 작품은 원형을 만들 때 석분 점토 외에도 오븐 점토를 사용했습니다(p50, 51, 76, 88). 이는 건조 후에도 수축하지 않는 오븐 점토의 특성을 살리기 위해서입니다. 그중 봉입하는 일러스트의 크기나 모양이 구체적일 경우 최대한 원하는 모양에 가까워지도록 오븐 점토를 사용했습니다.

LESSON 3 / 실리콘 몰드와 본뜨기

실리콘 몰드를 만들기 위해 필요한 준비물

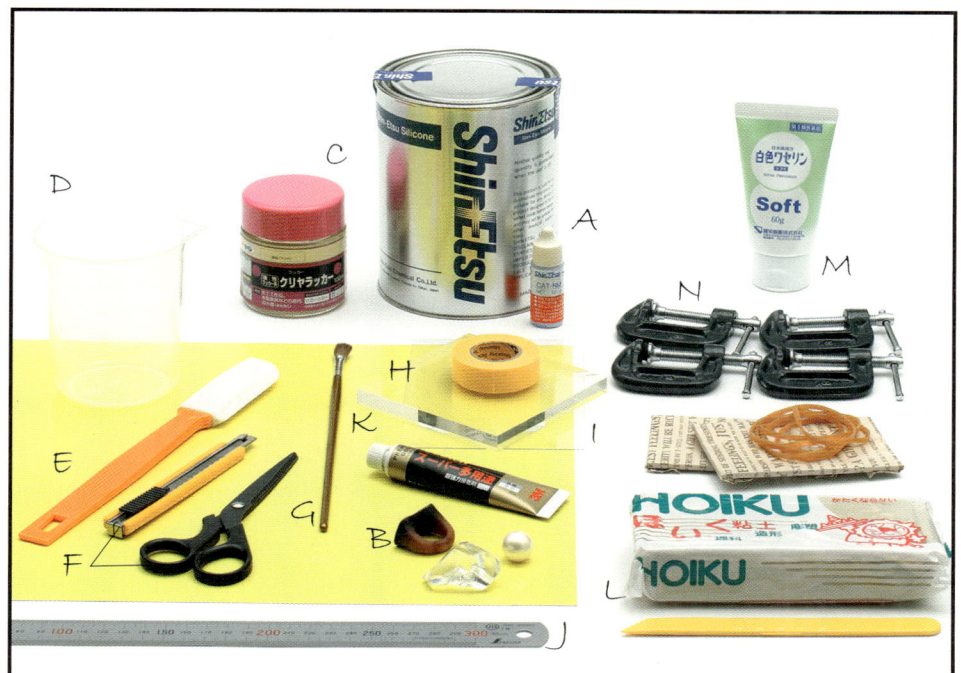

A : 실리콘의 주제와 경화제
주제와 경화제를 섞으면 화학 반응이 일어나 굳는다. 주제와 경화제는 반드시 같은 제조 회사의 제품을 사용해야 한다.
※ 이 책에서는 신에쓰화학공업의 실리콘 'KE-17', 'KE-12'를 사용했습니다. 다른 제품을 사용할 경우에는 그 제품의 설명서에 따라 사용하기 바랍니다.

B : 원형
레진으로 만들고 싶은 모양을 원형으로 한다. 래커를 칠하거나 접착제를 발라 고정하므로 지저분해져도 상관없는 것을 선택한다.

C : 래커
원형과 실리콘을 쉽게 떼어 낼 수 있도록 칠한다.

D : 플라스틱 비커
실리콘의 주제와 경화제를 섞을 때 사용한다.

E : 고무 주걱
주제와 경화제를 섞을 때 사용한다. 비커의 크기에 맞는 주걱을 준비하자.

F : 커터, 가위
실리콘 몰드의 거스러미를 자르거나 원형 테두리용의 두꺼운 종이를 자를 때 사용한다.

G : 붓
래커를 칠한다.

H : 플라스틱판, 납작한 문진
원형을 접착하고 실리콘을 붓기 위한 토대를 만든다. 또 부어 놓은 실리콘 위에 올려서 평평하게 할 때도 사용한다.

I : 원형 테두리용의 두꺼운 종이, 테이프
원형의 둘레를 에워싸서 실리콘을 붓기 위해 테두리를 만든다. 티슈상자를 잘라서 사용해도 된다 (광택이 있는 면을 몰드 안쪽으로 해서 사용한다).

J : 자
원형의 크기를 재거나 두꺼운 종이를 자르기 위한 가이드로 사용한다.

K : 접착제
원형을 플라스틱판에 고정한다.

▌양면 몰드, 레진으로 양면을 본 뜰 때 필요한 준비물

L : 유점토
원형을 고정할 때 사용한다. 유점토는 실리콘이 잘 달라붙지 않고 쉽게 떼어 낼 수 있어서 추천하는 제품이다.

M : 바셀린
실리콘끼리 달라붙지 않도록 바른다.

N : 클램프, 평평한 판과 고무줄
실리콘 몰드끼리 단단히 고정한다.

사용 후 정리할 때는…

실리콘을 사용한 비커나 고무 주걱은 그대로 방치해서 굳어진 후에 한 번에 떼어 내면 깨끗하게 제거할 수 있습니다. 걸쭉한 상태로 닦아 내려고 해도 깨끗하게 처리할 수 없으니 굳을 때까지 기다리세요.

평면 몰드를 만드는 방법

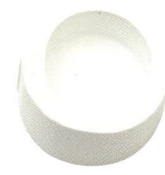

여기서는 신에쓰화학공업의 실리콘 'KE-12'를 사용했다. 'KE-12'는 부드러워서 표면이 울퉁불퉁한 원형에 적합하다. 성형한 레진을 떼어 내기 쉽다는 특징도 있다.

원형을 만들어 준비한다

1
석분 점토를 사용해서 원형을 만들고 확실히 건조시킨다.

2
사포로 문질러 모양을 잡으면서 표면을 매끄럽게 한다. 원형을 매끄럽게 만들면 마지막에 레진을 부었을 때 표면도 매끄럽게 완성된다. 또한 실리콘 몰드 자체도 좋은 상태를 오래 유지할 수 있다.

3
※ 여기서는 이해를 돕기 위해 컬러 래커를 사용했지만 무색을 사용해도 무방합니다.

래커를 칠한다. 얼룩과 붓 자국이 생기지 않도록 신경 써야 한다. 하루 이상 그대로 둬서 확실히 건조시킨다. 원형의 표면이 매끄러워지면 실리콘 몰드의 안쪽, 즉 레진 작품의 표면도 매끄럽게 완성된다. 몰드 자체도 잘 손상되지 않는다.

point
래커를 칠할 때 옆면이나 둥근 바닥면에도 쉽게 칠할 수 있도록 작은 받침(여기서는 페트병 뚜껑을 사용)에 양면테이프를 붙여서 고정한다.

4
실리콘을 부었을 때 원형이 움직이지 않도록 접착제를 발라서 원형을 플라스틱판에 고정한다. 원형에서 5mm 정도 떨어진 곳에 두꺼운 종이로 에워싸듯이 테두리를 만들고 테이프로 붙인다. 테두리는 원형보다 5mm 정도 높게 만든다.

memo
원형 테두리에 대해서

두꺼운 종이로 원형 테두리를 직접 만들면 원형의 모양에 맞춰서 테두리를 만들 수 있다는 점이 좋습니다. 이렇게 만들어서 테두리를 떼어 내면 실리콘의 사용량을 최소한으로 줄일 수 있습니다. 실리콘 몰드 제작에 사용하는 블록은 계속 사용할 수 있어서 편리하지만, 원형의 모양이나 크기에 따라서는 실리콘을 많이 준비해야 하는 경우가 있습니다.

실리콘을 부어서 굳힌다

5
실리콘의 주제와 경화제를 넣는다. 비율은 사용하는 상품의 설명서를 참조한다(여기서는 100:1). 혼합 비율은 레진액을 만들 때만큼 엄밀히 지키지 않아도 상관없다.

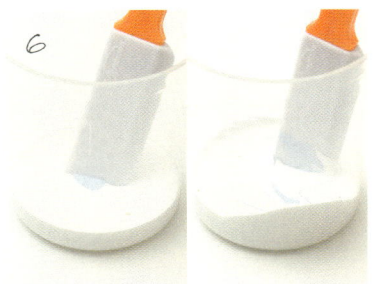

6
고무 주걱을 경화제에 직접 넣고 섞기 시작하면 잘 섞인다. 바닥이나 옆면을 긁어내듯이 골고루 섞는다. 급하게 섞으면 공기가 들어가서 기포가 생기기 쉬우므로 주의하자.

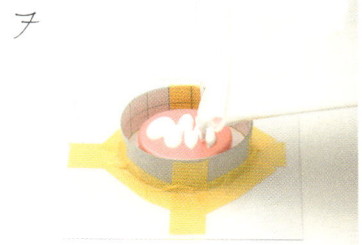

7
잘 섞은 실리콘을 원형 위에 떨어뜨리듯이 천천히 원형 테두리 안에 붓는다. 실리콘이 원형의 옆면을 타고 밑으로 흘러내리면 원형과 실리콘 사이에 기포가 잘 생기지 않지만, 원형과 테두리 사이에 부으면 기포가 생기기 쉽다.

LESSON 3 / 실리콘 몰드와 본뜨기

8

원형이 완전히 파묻힐 정도로 테두리가 가득 찰 때까지 실리콘을 붓는다.

9
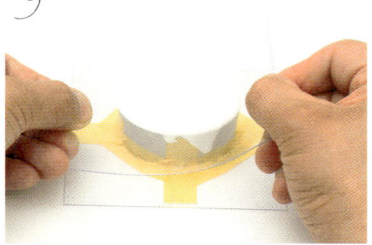
플라스틱판을 조금 구부려서 잡고 기포가 생기지 않도록 가장자리부터 천천히 덮는다.

point

플라스틱판 위에 납작한 문진을 또 올려서 실리콘의 표면을 평평하게 만든다. 이 면이 실리콘 몰드의 바닥이다. 이 부분을 평평하게 만들어 놓지 않으면 레진액을 부었을 때 몰드가 기울어져서 그 상태로 굳어진다.

원형을 떼어 내고 거스러미를 제거한다

10
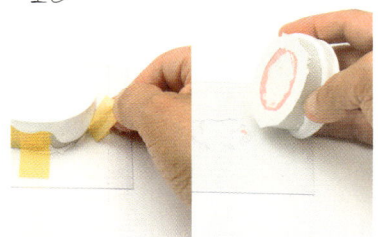
실리콘이 굳으면 위에 올려놓은 플라스틱판을 떼어 내고 테이프를 뜯은 뒤 아래쪽 플라스틱판에서 분리한다.

11
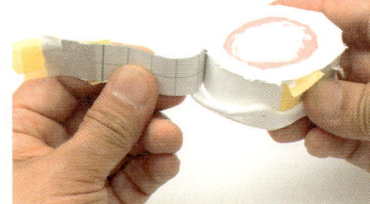
원형 테두리를 떼어 낸다.

12

실리콘의 아래쪽을 누르면서 원형을 분리한다.

13

가위를 이용해서 몰드의 바깥쪽과 안쪽에 튀어나온 거스러미를 잘라 낸다. 안쪽의 거스러미를 남겨 놓으면 레진액을 부었을 때 모양에 영향을 준다.

14

거스러미 제거 전   제거 후

거스러미를 다 제거한 상태. 거스러미가 남아 있으면 조각이 레진액 속에 떨어져서 함께 경화되는 경우가 있으므로 정성껏 제거해 놓자.

memo
실리콘 경화에 대해서

실리콘은 여섯 시간 정도 그대로 두면 굳습니다. 천천히 작업하거나 잠시 방치해 놓으면 금세 굳기 시작하니 주의합시다. 또한 레진만큼 주제와 경화제의 양을 엄밀히 지키지 않아도 무방하므로 편하게 도전해 보세요!

양면 몰드를 만드는 방법

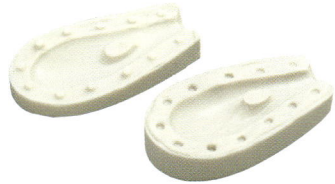

여기서는 신에쓰화학공업의 실리콘 'KE-17' 를 사용했다. 'KE-12' 보다 단단한 몰드를 만들 수 있으므로 클램프 등으로 눌러서 사용하는 양면 몰드에 적합하다.

원형을 만들어서 준비한다

1
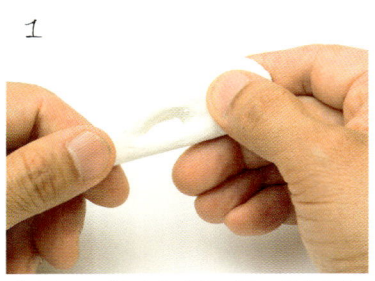

석분 점토를 사용해서 원형을 만들고 확실히 건조시킨다.

2
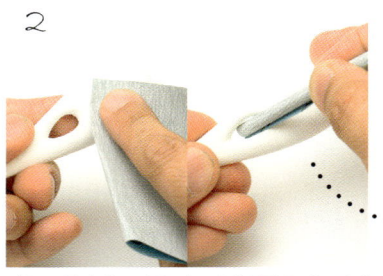

사포로 문질러 모양을 잡으면서 표면을 매끄럽게 한다. 세밀한 부분은 사포를 작게 접어서 정성껏 문지른다.

point
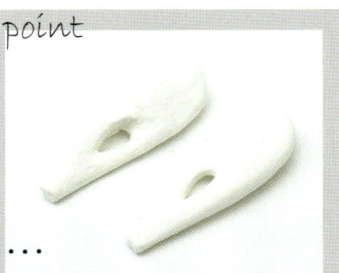

원형을 매끄럽게 만들면 마지막에 레진을 부었을 때 표면도 매끄럽게 완성된다. 또한 실리콘 몰드 자체도 좋은 상태를 오래 유지할 수 있다.

3
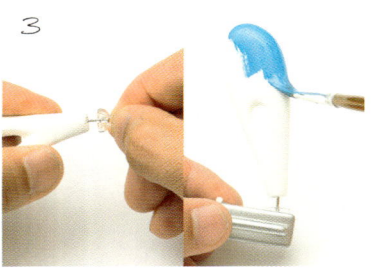

핀을 원형에 꽂은 뒤 사진과 같이 클립에 끼워서 원형 전체에 래커를 칠한다.

※ 여기서는 이해를 돕기 위해 컬러 래커를 사용했지만 무색을 사용해도 무방합니다.

point

양면 몰드를 만들기 위한 원형은 전체에 래커를 칠한다. 얼룩과 붓 자국이 최대한 남지 않도록 신경 써야 한다. 하루 이상 그대로 둬서 확실히 건조시킨다.

원형 테두리를 만든다

4

플라스틱판 위에 유점토를 두께 5mm 정도로 펴 놓고 그 위에 원형을 올려놓는다.

5

원형의 절반 정도를 파묻듯이 유점토로 에워싼다. 폭(두 몰드의 접합 부분)은 1cm 정도로 한다.

6
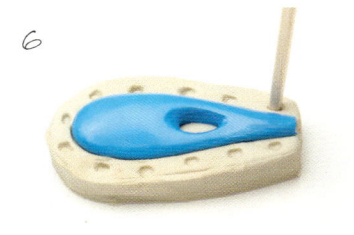

실리콘 몰드가 완성되면 몰드끼리 어긋나지 않도록 서로 맞물리는 구멍을 낸다.

7
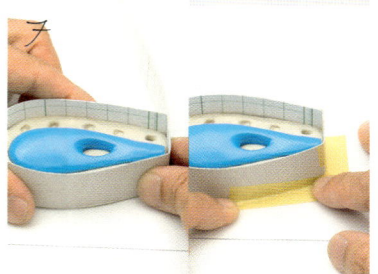

유점토를 에워싸듯이 두꺼운 종이를 이용해 테두리를 만들고 테이프로 붙인다. 테두리는 원형보다 5mm 정도 높게 만든다.

LESSON 3 / 실리콘 몰드와 본뜨기

실리콘을 붓는다

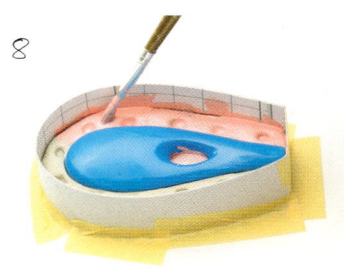

8

래커를 유점토에 칠한다. 여기서 래커를 칠해 놓으면 실리콘을 쉽게 떼어 낼 수 있다.

※ 여기서는 이해를 돕기 위해 컬러 래커를 사용했지만 무색을 사용해도 무방합니다.

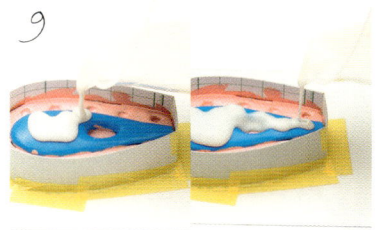

9

실리콘의 주제와 경화제를 잘 섞어서(p56-5~6 참조) 원형 위에 떨어뜨리듯이 천천히 원형 테두리 안에 붓는다. 실리콘이 원형의 옆면을 타고 밑으로 흘러내리면 원형과 실리콘 사이에 기포가 잘 생기지 않지만, 원형과 테두리 사이에 부으면 기포가 생기기 쉽다.

10

원형이 완전히 파묻힐 정도로 테두리가 가득 찰 때까지 실리콘을 넣은 뒤, 플라스틱판을 조금 구부려서 잡고 기포가 생기지 않도록 가장자리부터 천천히 덮는다.

point

플라스틱판 위에 납작한 문진을 또 올려서 실리콘의 표면을 평평하게 만든다. 이 면이 실리콘 몰드의 옆면이다. 이 부분을 평평하게 만들어 놓지 않으면 레진액을 부었을 때 제대로 고정할 수 없다(p61 참조). 이 상태로 반나절 이상 그대로 둔다.

원형 테두리를 떼어 내고 거스러미를 제거한다

11

실리콘이 굳으면 위에 올려놓은 플라스틱판을 떼어 내고 테이프를 뜯은 뒤 아래쪽 플라스틱판에서 분리한다.

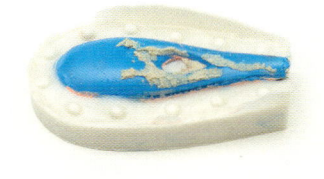

12

원형 테두리를 떼어 내고 유점토를 제거한다.

13

원형을 분리한 뒤 가위를 이용해서 몰드의 바깥쪽과 안쪽에 튀어나온 거스러미를 잘라 낸다. 안쪽의 거스러미를 남겨 놓으면 레진액을 부었을 때 모양에 영향을 준다.

check!

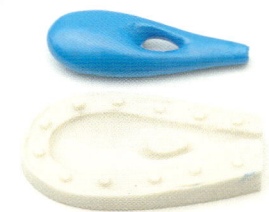

양면 몰드의 한쪽이 완성되었다.

다른 한쪽의 몰드를 만든다

몰드에 바셀린을 바른다. 이후의 작업에서 실리콘을 부어도 떼어 내기 쉽게 해 놓는다. 래커를 사용해도 좋다.

원형을 몰드에 끼운 뒤 이를 에워싸듯이 두꺼운 종이를 이용해 테두리를 만들고 테이프로 붙인다. 테두리는 원형보다 5mm 정도 높게 만든다.

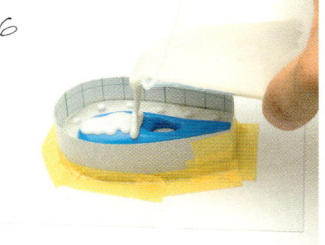

실리콘의 주제와 경화제를 잘 섞어서 (p56-5~6 참조) 원형 위에 떨어뜨리듯이 천천히 원형 테두리 안에 붓는다. 실리콘이 원형의 옆면을 타고 밑으로 흘러내리면 원형과 실리콘 사이에 기포가 잘 생기지 않는다.

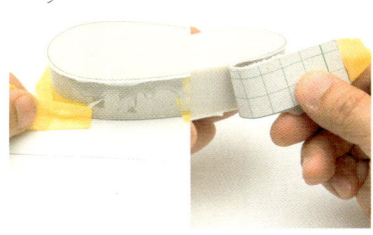

10~11을 참조해서 다 굳은 실리콘 몰드를 분리한다.

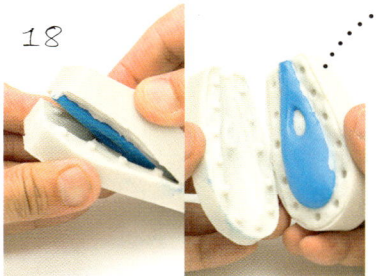

실리콘 몰드를 분리해서 원형을 떼어 낸다.

point

원형 아래로 실리콘이 흘러서 굳었더라도 14에서 바셀린을 발라 놓으면 남아 있는 실리콘 덩어리를 제거할 수 있다. 여기서 틈새로 흘러들어간 실리콘이 일체화하면 원형과는 전혀 다른 모양의 몰드가 만들어지므로 바셀린을 바르거나 래커를 칠하는 데 공 들이자!

check!

위쪽이 나중에(15~16) 만든 실리콘 몰드. 아래쪽은 앞에서 만든 실리콘 몰드(거스러미를 제거한 상태).

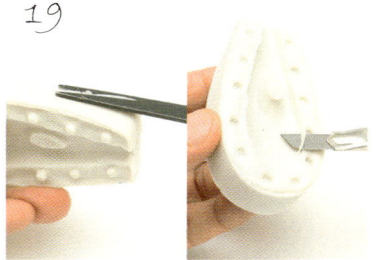

가위를 이용해서 몰드의 바깥쪽과 안쪽에 튀어나온 거스러미를 잘라 낸다. 안쪽의 거스러미를 남겨 놓으면 레진액을 부었을 때 모양에 영향을 주므로 정성껏 제거하자.

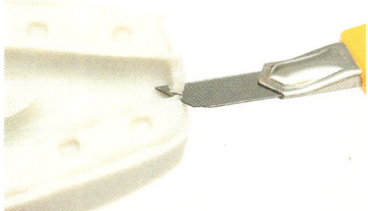

커터를 이용해서 레진액의 주입구 부분에 튀어나온 거스러미를 잘라 낸다.

LESSON 3 / 실리콘 몰드와 본뜨기

point
레진은 경화하면 수축하므로 주입구에 레진액이 흘러내리지 않도록 홈을 파 놓으면 레진액을 제대로 주입할 수 있어서 몰드를 완벽한 모양으로 완성할 수 있다. 홈을 파 놓은 부분은 쉽게 손상되므로 실리콘을 바른 뒤 굳혀서 보관해 놓으면 좋다.

memo
끝마무리를 잘하자
몰드가 완성되면 발라 놓은 바셀린은 뜨거운 물에 담가서 씻어 내고, 래커는 점착테이프 등을 이용해서 제거합니다. 또는 원형을 분리한 상태에서 반나절~하루 정도 방치한 후에 사용합시다.

양면 몰드를 이용한 레진 성형

1

몰드를 정확히 맞춰서 나무판 사이에 넣고 클램프나 고무줄을 이용하여 단단히 고정한다. 나무판 사이에 끼우는 이유는 몰드를 누르는 힘이 골고루 가해지게 하기 위함이다. 클램프 등으로 직접 누르면 실리콘 몰드가 일그러져서 몰드의 모양이 제대로 나오지 않을 수도 있으니 주의하자.

2

레진액이 실리콘 몰드(홈을 파 놓은 부분)를 타고 흘러 들어가도록 붓는다. 주입구에 직접 부으면 안에서 기포가 쉽게 생겨서 좋지 않다.

point

레진액을 몰드에 홈을 파 놓은 부분까지 완전히 부어 놓으면 경화해서 레진이 수축해도 실리콘 몰드의 모양 그대로 완성된다.

3

레진을 몰드에서 떼어 낸 뒤 주입구 부분에 튀어나온 거스러미를 커터로 잘라 낸다.

point : 핫플레이트 등을 이용해 살짝 따뜻하게 하면 부드러워져서 쉽게 잘라 낼 수 있다. 뜨거워지므로 장갑을 꼭 끼자.

4

사포로 문질러서 매끄럽게 만든다.

5

주입구 부분의 거스러미를 제거하고 사포로 매끄럽게 정돈한 상태. 또 몰드와 몰드가 맞물리는 부분(경계선)에 거스러미가 생기기 쉽다. 신경이 쓰일 경우에는 이 부분도 사포로 매끄럽게 정돈한다.

technique

실리콘 몰드를 응용한 기법

실리콘은 소재 자체가 부드럽기 때문에 핀이나 바늘을 사용해서 다양하게 응용할 수 있습니다.
독창적인 액세서리 장식을 만들 때 사용할 수 있으니 꼭 시험해 보세요.

▌액세서리 장식용 구멍을 뚫는다

핀을 실리콘 몰드에 꽂으면 구멍을 미리 뚫어 놓을 수 있습니다.
경화 후 루터를 이용해서 구멍을 뚫으면 구멍의 안쪽이 흐릿해지지만 이 방법을 이용하면 전혀 문제없습니다!

1
구멍을 뚫고 싶은 위치에 핀을 꽂는다. 레진을 부어서 굳힌 후에 핀이 잘 빠지도록 몰드 안쪽으로 나온 핀 부분에 바셀린을 바른다.

2
레진액을 부어서 경화시킨다.

3
핀을 뽑은 후 레진을 몰드에서 분리한다. 바셀린이 구멍 안쪽에 묻어 있으므로 이쑤시개 등을 이용해서 닦아 낸다.

▌액세서리 장식으로 완성한다

바늘을 실리콘 몰드 속에 넣으면 레진에 구멍이 뚫려서
실 등을 꿸 수 있는 액세서리 장식으로 완성할 수 있습니다.

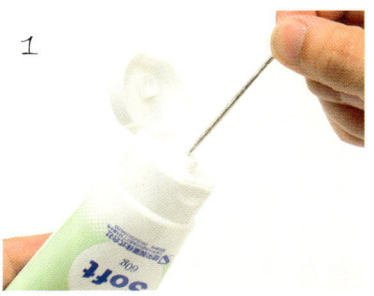

1
실리콘 몰드의 길이보다 더 긴 바늘을 준비해서 바셀린을 바른다.

point : 뚫고 싶은 구멍의 크기에 맞는 바늘을 선택해야 한다. 여기서는 두꺼운 천용 수예 바늘을 사용했다.

2
바늘을 실리콘 몰드에 꽂는다. 구멍을 뚫고 싶은 방향으로 똑바로 찔러 넣는다.

3
레진액을 부어서 경화시킨다.

LESSON 3 / 실리콘 몰드와 본뜨기

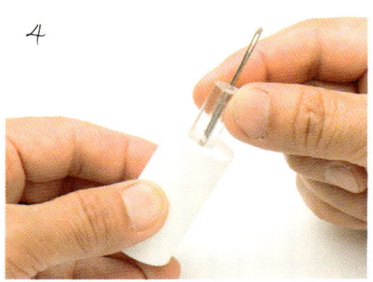

4

레진을 몰드에서 분리한다.

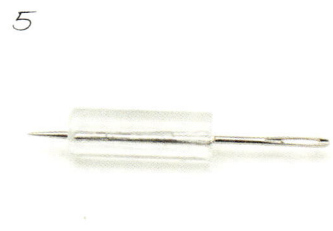

5

몰드에서 분리한 상태.

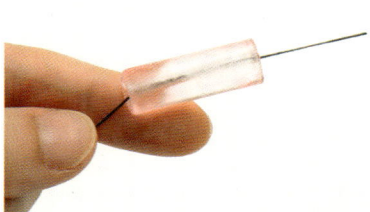

6

바늘을 뺀 뒤 구멍에 묻은 바셀린은 면실 등을 통과시켜서 문지르며 닦아 낸다.

sample : 액세서리 장식품으로 완성한 레진

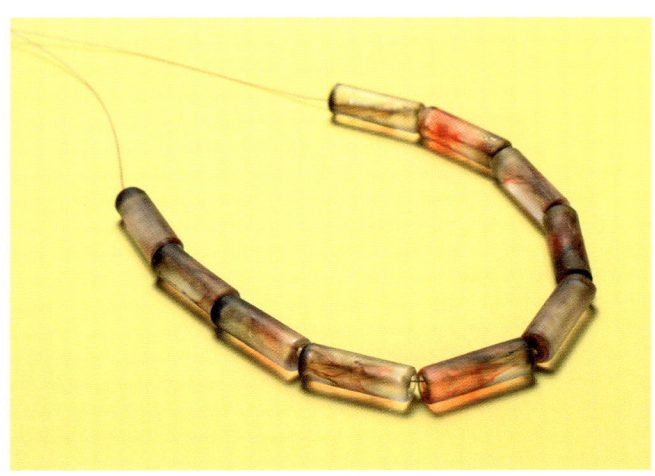

구멍을 직선으로 뚫은 레진

원기둥 몰드의 중앙에 구멍을 뚫고 투명한 레진액과 착색한 레진액을 주입해서 자유로운 무늬의 장식을 만들었다. 불투명하게 가공(p74 참조)해서 실에 꿰었다.

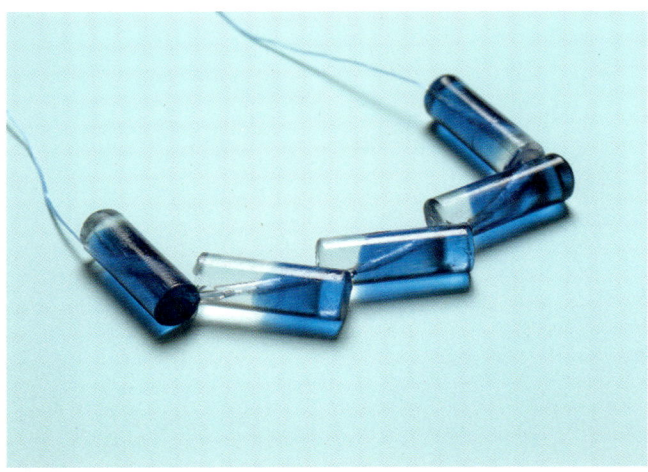

구멍을 사선으로 뚫은 레진

바늘을 원기둥 몰드에 비스듬히 걸치듯이 꽂아서 구멍을 뚫었다. 투명한 레진액과 착색한 레진액을 주입해서 경화시킨 뒤 실에 꿰었다.

LESSON 3 / 실리콘 몰드와 본뜨기

에폭시　평면 몰드　양면 몰드　봉입

압화를 넣은 투명 반지
★★★★☆

몰드
원형(타원 모양)
원형용 오븐 점토
실리콘
→ 점토로 【반지 부분】을 만든 뒤 양면 몰드를 만든다(p58-61 참조). 【타원 모양】으로 몰드를 만든다(p56-57 참조).

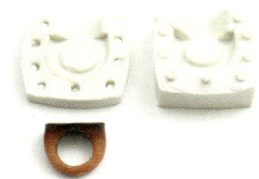

재료
에폭시 레진
봉입 재료 … 압화(삼색제비꽃, 물망초, 도깨비부채, 레이스 플라워, 잎사귀), 고품질 종이에 인쇄한 일러스트(작은 새)

만드는 방법

1 반지 부분의 몰드를 덮고 레진액을 주입한다. ▶ **경화**

2 레진액을 타원 모양의 몰드에 조금 붓는다(1층). ▶ **경화**

3 2에 레진액을 조금 붓고 물망초와 작은 새를 넣는다(2층). ▶ **경화**

4 3에 레진액을 조금 붓고 도깨비부채를 넣는다(3층). ▶ **경화**

5 4에 레진액을 조금 붓고 삼색제비꽃과 잎사귀를 넣는다(4층). ▶ **경화**

6 5에 레진액을 조금 붓고 레이스 플라워를 넣는다(5층). ▶ **경화**

7 6에 레진액을 조금 붓는다(6층). ▶ **경화**

8 1을 몰드에서 분리하여 가장자리의 거스러미를 제거한 뒤 연마한다.

9 7에 레진액을 조금 붓고 8을 파묻듯이 넣는다. ▶ **경화**

10 몰드에서 레진을 분리한 뒤 가장자리의 거스러미를 제거한다. 반지 부분과 타원 모양의 연결 부위를 연마한다.

10

memo
**연마해서
재료에 일체감을 조성하자**

반지 부분과 타원 모양의 연결 부위는 정성껏 연마합시다. 경계가 매끄러워지고 일체감이 느껴질 때까지 끈기 있게 연마하세요.

point :
**봉입 재료는
UV 레진을 발라서 코팅한다**

일러스트나 압화는 UV 레진을 양면에 발라 코팅해 놓으면 얼룩과 변색을 방지할 수 있다. 일러스트 종이는 투명해지는 것을 방지하기 위해 뒷면에 흰색 아크릴 물감을 칠해 놓으면 좋다.

LESSON 3 실리콘 몰드와 본뜨기

광택면

에폭시 | 양면 몰드 | 착색 | 봉입 | 불투명 가공

크리스탈 모양의 펜던트 톱
★★★★☆

몰드

원형(크리스탈)
실리콘
→ 실리콘으로 양면 몰드를 만든다.
(p58-61 참조)

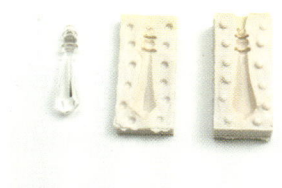

재료

UV 레진
에폭시 레진
착색료 … 염료(갈색)
래커(무광)

A
- **봉입 재료** … 앤티크 펜촉
- **액세서리 부자재** … 펜던트 연결 고리, 메탈 장식(장미), 가죽 끈, 실링왁스 장식, 와이어

B
- **봉입 재료** … 드라이플라워(장미), 받침이 달린 유리 장식, 펄 비즈
- **액세서리 부자재** … 펜던트 연결 고리, 메탈 장식(장미, 지르코니아 원석이 달린 장식), 가죽 끈, 와이어

만드는 방법

1 UV 레진을 몰드에 조금 붓고 봉입 재료를 원하는 위치에 배치한다.
▶ **UV 램프에 넣고 1분 동안 자외선 조사**
[A]는 [앞면]에 앤티크 펜촉을 놓고, [B]는 [앞면]에 펄 비즈, 받침이 달린 유리 장식, 드라이플라워(장미), [뒷면]에 펄 비즈를 배치한다.

2 1의 몰드를 덮고 레진액을 주입한다.
▶ **경화** [B]는 갈색으로 착색한 레진액을 사용한다.

3 레진을 몰드에서 분리하여 가장자리의 거스러미를 제거한 뒤 경계선을 연마한다.

4 한쪽 면(1에서 봉입 재료를 배치한 부분)을 남기고 무광 래커를 칠한다.

5 루터를 이용해서 구멍을 뚫고 펜던트 연결 고리를 단다.

6 가죽 끈을 통과시키고 실링왁스 장식과 메탈 장식 등을 연결한다. 와이어를 감아서 장식 재료를 고정한다.

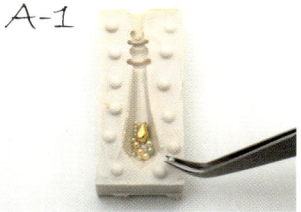

A-1

B-1

memo

양면 몰드를 사용할 때 봉입 재료의 위치를 정한다

양면 몰드를 사용하면서 봉입해야 할 재료가 있는 경우, 몰드를 덮기 전에 각각의 몰드 안에서 재료가 움직이지 않도록 UV 레진을 발라 고정하고, 마지막에 몰드를 덮어 앞면과 뒷면을 일체화합니다.

LESSON 3 / 실리콘 몰드와 본뜨기

에폭시　양면 몰드　착색　봉입　불투명 가공

캔들 모양의 펜던트 톱
★★★★★

몰드
원형(양초 본체)
원형용 석분 점토
실리콘
→ 점토로【양초 불꽃】을 만든 뒤 양면 몰드를 만든다(p58-61 참조).【양초 본체】로 양면 몰드를 만든다(p58-61 참조).

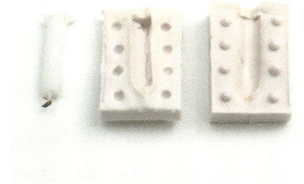

재료
에폭시 레진
착색료 … 염료(검은색)
※ 시간이 경과하면 붉은 빛을 띠는 갈색으로 변화한다.
래커(유광)
봉입 재료 … 드라이플라워(장미)
액세서리 부자재 … 아이볼트, 원형 세팅 장식, O링, 이중 O링, C링 체인, 물방울 비즈
※ 물방울 비즈를 체인 끝에 달고, C링을 이용해서 비즈가 달린 체인을 원형 세팅 장식에 연결해 놓는다.

만드는 방법

1 검은색으로 착색한 레진액을 만든다.

2 양초 본체의 몰드에 드라이플라워(장미)를 넣어서 덮고 레진액(투명색, 검은색)을 각각 주입한다. 불꽃 모양의 몰드도 덮어서 두 가지 색의 레진액을 주입한다. ▶ **경화**

<u>point</u> : 레진액 한 가지 색을 적당히 넣은 상태에서 다른 색의 레진액을 경화되기 전에 천천히 주입하여 경계를 모호하게 만든다.

3 레진을 몰드에서 분리하여 가장자리의 거스러미를 제거한 뒤 경계선을 연마한다.

4 양초 본체의 몰드에 래커를 칠해서 광택을 낸다. 불꽃 부분은 사포로 거칠게 연마해서 불투명하게 가공한다.

5 양초 본체의 심지를 꽂기 위해 루터를 이용하여 불꽃에 구멍을 뚫고 UV 레진을 발라서 접착한다.
▶ **UV 램프에 넣고 5분 동안 자외선 조사**

6 UV 레진을 이용해서 양초 본체를 원형 세팅 장식에 접착한다.
▶ **UV 램프에 넣고 1분 동안 자외선 조사**

7 루터를 이용해서 양초 본체에 구멍을 뚫고 아이볼트를 꽂는다.

8 이중 O링을 아이볼트에 달아서 체인을 연결한다.

> **memo**
> **유광 래커와 불투명 가공의 대비 효과**
> 따로 만든 두 레진 장식을 각각 '광택 가공'과 '불투명 가공'으로 마감해서 접착합니다. 마감 방식을 바꾸기만 해도 인상이 달라집니다.

LESSON 3
Q&A

Q 원형을 만들 때는 아무 소재나 사용해도 상관없나요?

A 기성품을 사용할 때는 개인적인 용도로 범위를 한정하세요.

기성품을 토대로 실리콘 몰드를 만들 경우에는 개인적으로 즐기는 범위에서 사용하세요. 제삼자가 원래 다른 목적(레진 작품을 만들 목적이 아님)으로 만든 디자인을 사용하기 때문에 그 모양(제품)을 무단으로 판매하는 등 영리 목적에 이용하면 저작권 침해에 해당됩니다. 일반 유통하는 제조회사나 브랜드의 상품을 본떠서 원래 상품과 다른 색을 칠하거나 장식을 달아도 모양 자체에 디자인성과 저작권이 있으니 판매는 삼가도록 합시다.

Q 실리콘 몰드에서 분리한 레진의 표면이 흐릿한 이유는 무엇입니까?

A 실리콘 몰드의 표면이 매끄럽지 못한 경우일 수 있습니다.

실리콘 몰드의 표면이 매끄럽지 않고 거칠면 레진 성형품의 표면도 젖빛 유리와 같은 질감으로 만들어집니다. 레진 공예용 외의 실리콘 몰드(제빙기, 제약용 몰드 등)를 사용할 때는 몰드의 질감에 따라 변화가 나타난다는 점을 염두에 두고 시험 삼아 만들어 봅시다. 불투명한 성형품도 투명 래커를 칠하면 투명도가 올라갑니다. 또한 기성품이나 직접 만든 몰드라 해도 처음에는 매끈매끈하지만 계속 사용하다 보면 몰드의 표면이 손상되기 마련입니다. 레진을 쉽게 떼어낼 수 있게 이형제를 뿌리면 잘 손상되지 않습니다.

Q 원형을 만들 때 석분 점토 이외의 소재를 사용해도 상관없나요?

A 래커를 칠해서 코팅하세요.

대부분의 소재는 실리콘으로 본뜰 수 있지만, 실리콘이 달라붙어서 잘 떨어지지 않는 소재(유리 제품, 도자기, 도기, 목제품 등)는 본뜨기 전에 래커를 칠해서 원형의 표면을 코팅해 놓읍시다.
사소한 기술로는 '비누'를 사용할 수 있습니다. 커터로 쉽게 깎을 수 있어서 예리한 모양을 표현할 수 있습니다. 광물처럼 커팅이 포인트인 디자인을 만들 때의 원형 재료로 적합합니다.

Q 실리콘 몰드를 이용해서 레진을 몇 번 정도 성형할 수 있나요?

A 원형의 표면 광택에 좌우됩니다.

실리콘 몰드의 표면은 레진을 성형할 때마다 레진에 의해 손상됩니다. 그래서 실리콘 몰드의 표면 상태에 따라 손상되는 정도에도 차이가 있습니다.
다시 말해 실리콘 몰드를 만들 때 사용하는 원형의 표면 광택에 좌우된다는 뜻입니다. 원형의 표면이 래커를 칠해서 매끄럽게 광택이 나는 상태라면 이 원형으로 만든 실리콘 몰드의 상태도 매끈매끈해서 잘 손상되지 않고, 15~20회 정도 성형할 수 있습니다. 반대로 원형의 표면 상태가 거칠면 실리콘 몰드의 표면도 거칠어서 레진이 잘 벗겨지지 않으므로 몰드가 쉽게 손상되어 1~10회 정도 성형할 수 있습니다.

레진 경화 후의 마감 및 가공 방법

경화한 레진은 몰드에서 분리하여 가장자리의 거스러미를 제거하면 완성이지만, 그 이후에도 할 수 있는 여러 가지 가공 방법이 있습니다. 표면을 정성껏 연마해서 우아하고 매끄럽게 만들거나 젖빛 유리처럼 불투명하게 가공하거나 뒷면에 무늬를 새겨 넣는 등 다양한 기법을 표현할 수 있습니다.

basic : *processing*
몰드 분리 후의 가공

레진은 경화한 후에도 여러 가지 방법으로 가공하거나 마감할 수 있습니다.
정성을 들일수록 아름다운 작품으로 완성됩니다.

● 본뜬 후에 할 수 있는 일

레진은 경화하고 나면 손의 힘만으로는 변형할 수 없이 단단해집니다. 하지만 원하는 모양을 만들기 위해 할 수 있는 가공 방법은 아직 많이 남아 있습니다. 연마나 구멍 뚫기와 같은 기본적인 작업은 사소한 요령을 터득하면 매끄러운 모양으로 완성할 수 있습니다. 또한 예리한 모양을 표현하는 커팅, 레진의 단단한 성질을 살려서 뒷면에 무늬를 새겨 넣는 뒷면 새김 기법 등도 있습니다. 「굳히면 끝」이 아니라는 점도 폭넓은 디자인을 보여주는 레진의 매력 중 하나입니다. 각각의 요령을 터득해서 새로운 작품 만들기에 도전해 보세요.

> **경화 후 레진에 착색할 때는……**
>
> LESSON 2에서는 레진액을 착색하는 방법을 소개했는데, 경화 후 레진에 직접 착색하는 것도 또 다른 방법입니다. 배경으로 쓰거나 포인트를 주는 목적으로 사용할 수 있습니다. 아크릴 물감 등을 쓸 수 있지만 잘 벗겨지므로, 착색한 후에 레진을 다시 한 번 발라서 코팅하거나 마감용 니스 등을 섞어서 정착시키는 등 약간의 노력이 필요합니다.

이렇게도 활용할 수 있어요!

● 레진 장식끼리 접착

UV 레진을 완성된 레진 장식에 발라서 접착한다. 접착면이 투명해지므로 외관상으로 봐도 작품에 주는 영향이 적고 잘 벗겨지지 않아서 좋다. 금속 부자재나 액세서리 장식을 사용하지 않고 레진 장식끼리 붙여서 커다란 장식을 만들거나 예쁘게 꾸밀 수 있다.

● 보수

레진액에 기포가 들어가면 몰드에서 분리한 레진에 구멍이 생기는 경우가 있다. 이 때 표면에 생긴 구멍은 충분히 보수할 수 있는데, 핀 등을 이용하여 같은 색의 레진액을 구멍에 채워 넣듯이 발라서 경화시키면 된다. 나중에 레진을 추가로 바르더라도 크게 두드러지지 않는다는 장점이 있다.

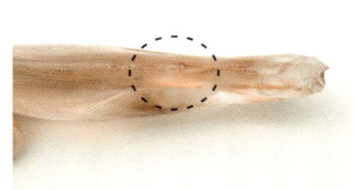
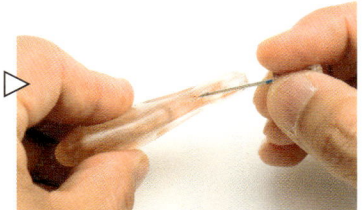

LESSON 4 / 레진 경화 후의 마감 및 가공 방법

각각의 가공 방법

연마

레진을 몰드에서 분리한 후 사포로 문질러서 가장자리의 거스러미를 제거하는데, '연마'는 좀 더 문질러서 표면을 매끄럽고 아름답게 하는 것을 말합니다. 거칠게 연마하면 젖빛 유리처럼 표면을 불투명하게 만들 수 있습니다. 이 단계에서 점점 결이 고운 사포를 사용하여 문지르고, 연마제를 발라서 끈기 있고 정성스럽게 연마하면 매끄럽고 우아한 광택이 나는 작품으로 완성됩니다.

구멍 뚫기

레진을 액세서리로 만들 때 핀 바이스나 루터 등의 공구를 사용해서 금속 부자재나 액세서리 장식을 꽂기 위한 구멍을 뚫습니다. 구멍을 뚫는 작업의 마찰로 구멍 안쪽이 흐릿해지는데, 이럴 때는 약간의 수고를 들여서 깨끗하게 처리한 후에 금속 부자재나 장식을 넣도록 하세요. 작품의 투명감을 잃지 않고 금속 부자재를 달 수 있습니다.

커팅

경화한 레진은 따뜻하게 하면 조금 부드러워져서 커터를 이용해 자를 수 있습니다. 커팅은 수작업으로 하므로 프리핸드 기법의 특성상 각각 다른 모양으로 마감할 수 있고, 몰드를 사용해도 표현하기 어려운 예리한 느낌을 살릴 수 있습니다. 광물을 표현하고 싶을 때 사용하기 적합합니다. 커터 사용에 주의해서 도전해 보세요.

뒷면 새김

경화한 레진은 루터를 이용해서 무늬를 새겨 넣기에 적당할 정도로 단단합니다. 갈라지거나 금이 가는 일이 거의 없으니 무서워하지 말고 시도해 봅시다. 루터의 날을 달리하면 여러 가지 느낌으로 표현할 수 있으며, 매우 섬세한 무늬를 넣을 수 있습니다. 이 책에서는 뒷면에 무늬를 그려 넣는 '뒷면 새김' 방법을 소개합니다. 프리핸드로 원하는 무늬나 그림을 그릴 수 있는 점이 좋습니다.

`technique 1` **연마** | 끈기 있게 문지른 표면은 래커를 칠해서 마감한 것에 비해
광택이 훨씬 우아하며 부드러운 촉감을 느낄 수 있는 점이 매력입니다.

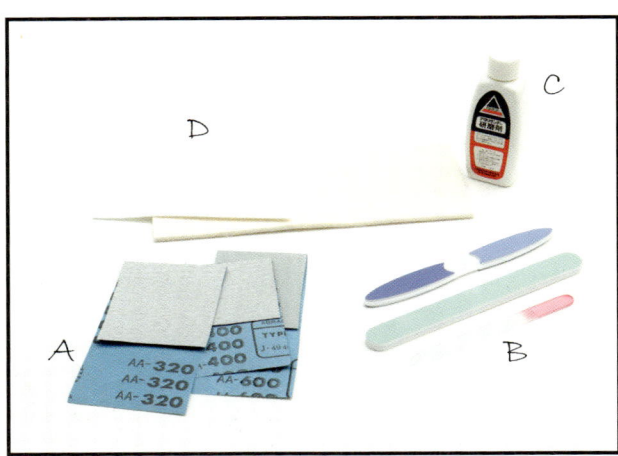

연마에 사용하는 도구

- A : 목공용 종이 사포(320~600번)
- B : 네일용 파일
- C : 연마제
- D : 펠트나 안경닦이용의 부드러운 천

memo
광택 마감도 시작은 동일하다

불투명하게 마감할 경우에는 종이 사포로 문질러서 원하는 상태로 흐릿해졌을 때 작업이 끝납니다. 광택 마감의 경우에는 이후 더욱 정성껏 문지르면 표면이 매끄러운 작품으로 완성됩니다.

불투명 마감

1

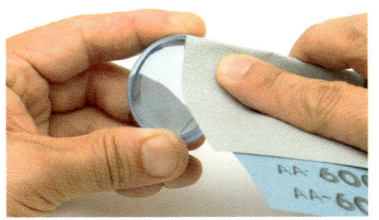

레진을 몰드에서 분리하여 가장자리의 거스러미를 제거하고 나면, 종이 사포(320~600번)를 이용해서 전체를 부드럽게 문질러서 흐릿하게 한다.

point : 종이 사포는 숫자가 클수록 결이 곱다. 300번대 사포부터 사용해서 원하는 상태가 되었을 때 사포질을 멈춘다.

매끄러운 광택 마감

2

네일용 파일을 이용해서 연마한다.

point : 경화한 레진과 손톱은 단단한 정도가 거의 비슷해서 네일용 파일은 연마 작업에 적합하며 굉장히 편리하다. 결이 거친 것부터 고운 것까지 순서대로 사용한다.

3

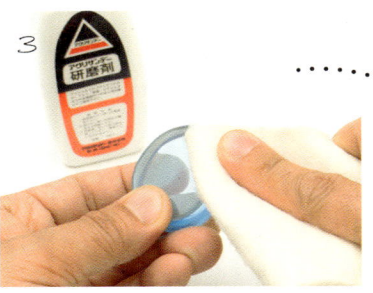

연마제를 발라서 문지른다. 연마제를 펠트 등의 천에 묻혀서 정성껏 문지르고, 마지막에 부드러운 천으로 마무리하면 좋다.

point

펠트를 바닥에 깔고 레진을 손으로 잡아 문지르면 같은 부분에 골고루 힘이 들어가서 연마하기 쉽다. 힘을 적당히 주고 작업을 반복해서 매끄러운 광택을 연출하자.
힘을 너무 주면 마찰열 때문에 레진이 부드러워져서 표면이 뿌옇게 흐려지는 경우가 있다.

LESSON 4 / 레진 경화 후의 마감 및 가공 방법

technique 2 구멍 뚫기

레진을 액세서리로 만들 때 자주 등장하는 작업입니다.
구멍의 흐릿해진 부분을 없앤 후에 부자재를 꽂으세요.

point

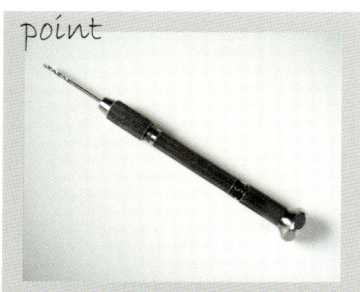

핀 바이스(또는 루터)를 사용해서 구멍을 뚫는다. 날의 굵기에 따라 구멍의 크기가 달라지므로 사용하는 장식에 맞춰서 선택하자.

1

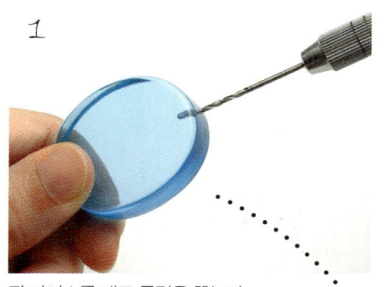

핀 바이스를 대고 구멍을 뚫는다.

2

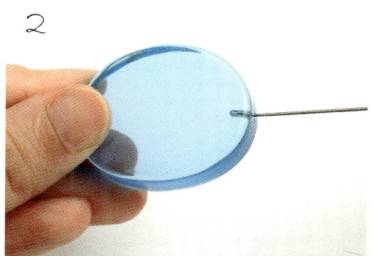

바늘 등을 이용해서 레진액을 구멍 안쪽에 바른다.

3

금속 부자재를 꽂아서 고정한다. 레진액이 접착제의 역할을 하므로 부자재를 달아서 경화시킨다.

여기서는 레진액을 접착제로 사용하는 방법을 소개했지만, 아이볼트와 같이 금속 부자재를 접착할 때 접착제나 UV 레진을 사용할 수 있다. 강도, 투명도, 다루기 쉬운 정도 등 무엇을 우선할지 고려해서 취향에 따라 선택하자(p82 참조).

point

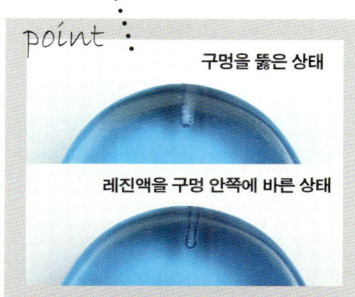

구멍을 뚫은 상태

레진액을 구멍 안쪽에 바른 상태

구멍을 뚫었을 때의 마찰로 안쪽이 흐릿해지는데, 이때 레진액을 바르면 투명감이 살아나서 불투명함이 사라진다. 장식에 다는 금속 부자재나 디자인에 따라 접착제를 선택해서 원하는 모양으로 완성하도록 한다.

technique 3 커팅

따뜻하게 한 레진은 힘을 세게 주지 않아도 자를 수 있습니다.
프리핸드 기법으로 모양을 예리하게 성형할 수 있습니다.

memo

**일부분이 아닌
전체를 충분히 따뜻하게 한다**

레진을 따뜻하게 하면 부드러워져서 쉽게 자를 수 있습니다. 핫플레이트 등에 알루미늄 호일을 깔아서 레진을 그 위에 올려놓고 커터의 칼날 끝이 들어갈 정도로 가열합니다. 안쪽까지 서서히 따뜻하게 하는 것이 중요합니다. 표면만 뜨거워지면 커팅하기가 어렵습니다.

1

커터를 이용해서 따뜻하게 한 레진을 자유롭게 자른다.

point : 화상을 입지 않도록 반드시 장갑을 낀다.

point NG

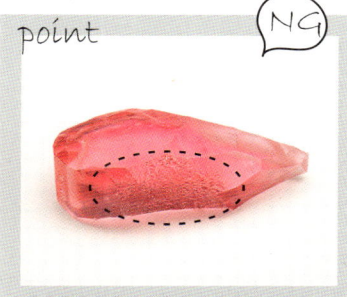

지나치게 열을 가하면 레진이 물러져서 칼날을 넣었을 때 흐물흐물 무너져 내려 단면이 지저분해진다.

technique 4 | 뒷면 새김

루터를 사용해서 그림을 그리듯이 무늬를 새겨 넣을 수 있습니다.
뒷면에 무늬를 새겨 넣으므로 좌우의 방향이 있는 그림 무늬를 새길 때는 주의하세요.

뒷면 새김에 사용하는 도구

A : 취미용 루터
크기나 가격이 다양하지만 펜슬 형이 쓰기 편하다. 금속 세공이나 유리 또는 플라스틱 조각에 사용되는 취미용 루터.

B : 교체용 날
루터 본체에 맞는 날을 사용해야 한다. 굵기와 모양이 다양하므로 자신이 만들고 싶은 디자인에 맞춰서 선택한다.

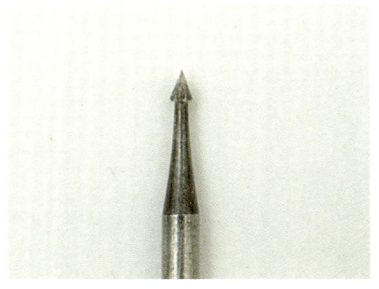

선을 그릴 경우
가는 선을 그릴 수 있는 날. 연필로 그리듯이 무늬를 새길 수 있고, 점무늬 외에 다른 무늬를 새길 때 밑그림용으로 이용할 수 있어서 쓰기 편하다.

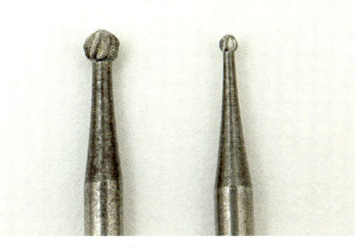

점무늬를 그릴 경우
원을 그릴 수 있는 날. 좀 더 깊이 새기면 겉에서 봤을 때 앞쪽에 가깝게 보인다. 날보다 큰 원을 그릴 때는 날을 빙글빙글 움직인다.

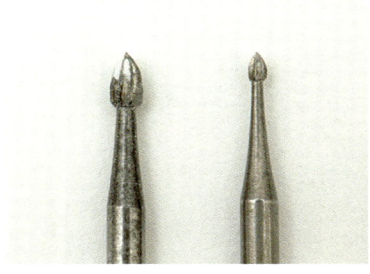

물방울 모양을 그릴 경우
날을 눕혀서 사용하면 물방울이나 꽃잎 모양 등을 그릴 수 있다. 날의 크기와 눕히는 각도에 따라 그릴 수 있는 무늬도 달라진다.

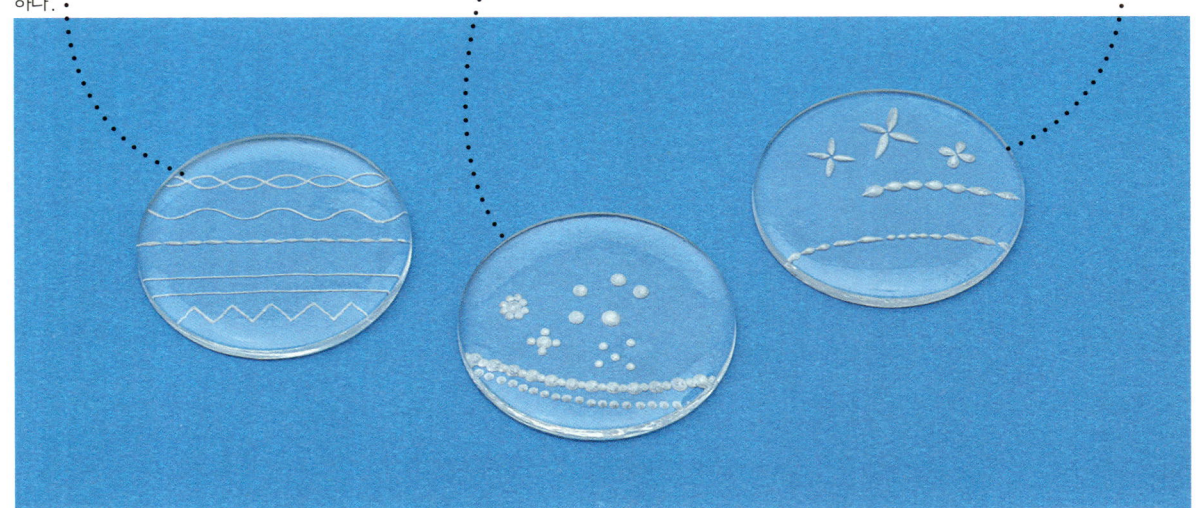

LESSON 4 / 레진 경화 후의 마감 및 가공 방법

뒷면에 무늬를 새겨 넣는다

point

어느 부분에 무늬를 넣을지 밑그림을 가는 날로 얕게 새겨서 대충 그린다. 펜으로 밑그림을 그리면 팬 부분에 잉크색이 남는 경우가 있으므로 주의해야 한다. 그림의 좌우를 뒤집고 싶지 않을 때는 복사한 종이를 옆에 놓고 보면서 그림을 새겨 넣어도 좋다.

1

밑그림선 위에 점무늬를 넣는다.

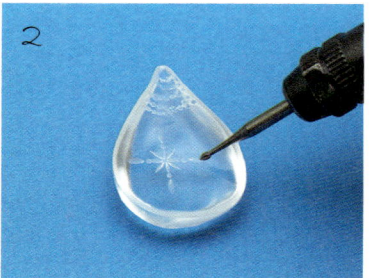

2

날을 교체해 가면서 그림을 새겨 넣는다.

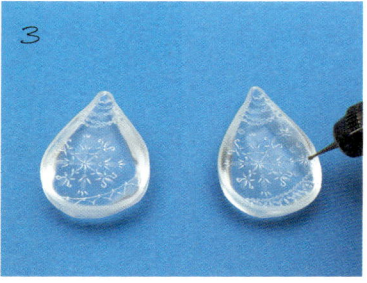

3

밑그림 → 무늬 넣기를 반복해서 그림을 완성한다.

4

칫솔 등을 이용해서 부스러기를 털어 낸다.

착색한다

5

무늬를 새겨 넣은 부분에 아크릴 물감을 칠해서 착색한다. 조금 삐져나와도 나중에 닦아 낼 수 있으니 괜찮다.
point : 무늬를 새겨 넣은 부분을 색칠하지 않으면 배경색(또는 레진액)과 뒤섞여서 무늬가 보이지 않는다.

6

다 마르고 나면 삐져나온 부분을 닦아 낸다.
point : 배경을 색칠할 경우에는 이때 아크릴 물감과 마감용 니스(p.82 참조)를 섞어서 모든 면에 칠한 뒤 건조시킨다.

7

무늬를 새겨 넣은 부분에 색을 입힌 상태.

배경이 되는 레진액을 붓는다

8

7을 유점토 위에 올려놓고 수평으로 가볍게 눌러서 움직이지 않도록 고정한 뒤, 레진액(배경)을 발라서 경화시킨다.

| 에폭시 | 평면 몰드 | 착색 | 봉입 | 불투명 가공 |

작은 새와 잔가지를 표현한 브로치

★★☆☆☆

몰드

오븐 점토
실리콘
→ 점토로 【작은 새와 잔가지】의 모양을 만든 뒤 실리콘으로 몰드를 만든다(p56-57 참조).

재료

UV 레진
에폭시 레진
봉입 재료 … OHP 필름(작은 새), 드라이플라워(장미 꽃잎), 단풍잎, 금박
액세서리 부자재 … 브로치 핀

만드는 방법

1. 레진액을 몰드에 붓는다. ▶ 경화
2. 다시 레진액을 조금 붓고 드라이플라워(장미 꽃잎), 금박, 단풍잎, OHP 필름(작은 새)을 넣는다. ▶ 경화
3. 레진을 몰드에서 분리하여 가장자리의 거스러미를 제거한다. 사포로 거칠게 연마하여 불투명하게 가공한다.
4. UV 레진을 뒷면에 바른다.
   ▶ UV 램프에 넣고 3분 동안 자외선 조사
5. 4에 UV 레진을 이용해서 브로치 핀을 접착한다.
   ▶ UV 램프에 넣고 1분 동안 자외선 조사

point: 봉입 재료의 공기를 빼 놓는다

장미 꽃잎과 단풍잎은 자체적으로 공기가 함유되어 있어서 레진액에 넣으면 기포가 생길 수 있다. 미리 레진액에 담가서 공기를 빼 놓자.

memo

몰드에 맞춰서 봉입 재료를 배치한다

구체적인 모티프의 몰드일 경우에는 각각의 부분에 맞는 색을 넣거나 소재를 봉입하면 완성도가 향상됩니다. 이런 디자인은 봉입 재료와 실리콘 몰드의 모양이 딱 맞기에 가능하며, 손수 만든 몰드를 사용하는 경우에만 그 특별한 재미를 느낄 수 있습니다.

LESSON 4 / 레진 경화 후의 마감 및 가공 방법

에폭시 | 평면 몰드 | 봉입 | 불투명 가공

배경이 다른 키홀더

★☆☆☆☆

몰드
사각형 몰드

재료
에폭시 레진
착색료 … 페인트(흰색)
래커(유광)
봉입 재료 … OHP 필름(글자, 벌)
액세서리 부자재 … 소형 나사, 와셔, 너트, 아티스틱 와이어, 가방 참 연결용 체인

만드는 방법

1. 레진액을 몰드에 붓는다. ▶ 경화
2. OHP 필름(글자)을 올려놓고 레진액을 조금 붓는다. ▶ 경화
3. 2에 OHP 필름(벌)을 올려놓고 레진액을 조금 붓는다. ▶ 경화
4. 레진을 몰드에서 분리한 뒤 결이 거친 금속 줄칼을 이용해서 표면의 모서리가 매끄러워지도록 문지른다. 모서리를 연마한 뒤 래커를 칠해서 광택을 낸다.
5. 뒷면에 페인트를 칠하거나 종이 사포로 거칠게 문질러서 불투명하게 가공한다.
6. 루터를 이용해서 구멍을 뚫고 소형 나사, 와셔, 너트를 끼운다.
7. 루터를 이용해서 모서리에 구멍을 뚫고 아티스틱 와이어를 꽂는다.
8. 가방 참 연결용 체인을 단다.

4 (몰드에서 분리한 상태)

memo
똑같은 몰드라도 가공에 따라 차이가 있다

몰드나 봉입 재료가 똑같아도 몰드에서 분리한 후의 가공 방법에 따라 분위기가 다른 작품으로 완성할 수 있습니다. 착색이나 연마 등 자신의 취향대로 즐겨 보세요.

LESSON 4 / 레진 경화 후의 마감 및 가공 방법

에폭시 평면 몰드 뒷면 새김

레이스 무늬를 새겨 넣은 레진 장식

★★★★☆

몰드

A ┌ 원형(직경 4cm의 원기둥)
  │ **실리콘**
  └ → 실리콘으로 몰드를 만든다(p56-57 참조).

B ┌ 원형용 석분 점토
  │ **실리콘**
  └ → 점토로【물방울 모양】을 만들고, 이를 원형으로 해서 실리콘으로 몰드를 만든다(p56-57 참조).

재료

A ┌ **에폭시 레진**
  │ **착색료** … 아크릴 물감(흰색, 회색), 마감용 니스(유광)
  └ **액세서리 부자재** … 헤어용 고무줄, T핀

B ┌ **에폭시 레진**
  │ **착색료** … 아크릴 물감(흰색)
  └ **액세서리 부자재** … 9핀

만드는 방법

1 레진액을 몰드에 붓는다. ▶ 경화

2 레진을 몰드에서 분리한 뒤, 루터를 이용해서 1의 뒷면에 마음대로 무늬를 새겨 넣는다(p76-77 참조).

3 칫솔 등을 이용해서 부스러기를 털어 내고, 무늬를 새겨 넣은 부분에 아크릴 물감(흰색)을 칠해서 착색한다.

4 다 마르면 삐져나온 부분을 닦아 낸다.
[A]는 배경에 아크릴 물감(회색+마감용 니스)을 칠해서 건조시킨다.

5 4를 유점토 위에 올려놓고 수평으로 가볍게 눌러서 움직이지 않도록 고정한 뒤, 레진액을 아크릴 물감 위에 조금 붓는다.
▶ 경화

6 [A] 루터를 이용해서 구멍을 뚫고 T핀을 꽂는다. 뒷면 쪽에서 T핀의 끝을 구부려 헤어용 고무줄을 고정한다.
[B] 루터를 이용해서 구멍을 뚫고 끝을 짧게 자른 9핀을 꽂는다(UV 레진을 발라서 접착한다).

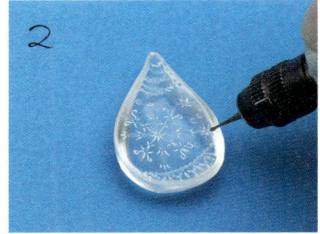

LESSON 4

Q 쓰고 남은 레진액은 보관할 수 있나요?

A 냉동실에서 일주일 정도 보관할 수 있습니다.

레진액을 마지막 층에 다 부었지만 똑같은 색을 남겨 놓거나 접착 및 코팅 등의 마감용으로 보관하고 싶은 경우가 있습니다. 이럴 때는 쓰고 남은 레진액을 작은 종이컵에 붓고 랩으로 밀봉한 뒤 고무줄로 단단히 묶어서 냉동실에 넣습니다. 냄새가 다른 식품에 배는 경우는 없지만, 잘못해서 먹지 않도록 충분히 주의하기 바랍니다.

해동할 때는 반드시 랩을 씌운 상태에서 자연 해동하세요. 랩을 벗기면 레진의 표면에 물방울이 맺혀서 수분 때문에 뿌옇게 흐려지는 경우가 있습니다. 또 해동 후에 전자레인지에 넣고 몇 초 동안 돌려서 따뜻하게 하면 쉽게 부을 수 있는 상태가 되는데, 착색한 레진일 경우에는 경화가 빨라지므로 서둘러서 사용합시다.

해동한 레진을 다시 냉동하는 행위는 삼가도록 하세요.

Q 금속 부자재는 무엇으로 접착하면 좋을까요?

A 다루기 쉬운 정도, 강도, 완성미 등 무엇을 우선하느냐에 따라 달라집니다.

이 책에서 소개한 작품의 만드는 방법을 보면 액세서리 부자재나 레진 장식을 접착할 때 UV 레진을 많이 사용했는데, 그 이유는 주위에서 쉽게 찾을 수 있고 빨리 굳힐 수 있다는 편리성과 마감이 투명해서 성형한 레진 본체와 잘 어우러진다는 점이 가장 큽니다. 하지만 UV 램프에 쉽게 넣을 수 없는 모양이거나 착색한 레진 장식을 접착할 때와 같이 충분한 강도를 얻지 못하는 경우가 있습니다.

UV 레진에 비해 에폭시 레진은 강도와 투명도가 매우 뛰어나지만, 접착제로 사용하면 액상의 밀도가 낮아서 반응이 잘 일어나지 않고 경화에도 2~5일 정도가 걸립니다.

시중에서 판매하는 접착제 중에서는 '스카치® 초강력 접착제 프리미어 골드(슈퍼 다용도) 투명'(스미토모 3M 주식회사)을 추천합니다. 접착할 양면에 바르고 5~10분 정도 그대로 뒀다가 맞붙입니다. 굳을 때까지 24시간 정도 걸리지만 매우 강력하게 접착할 수 있고 마감도 투명해서 깔끔해 보입니다. 액세서리를 만들 때는 이 접착제가 가장 적합하다고 할 수 있습니다.

Q 뒷면에 무늬를 새겨 넣은 후, 아크릴 물감을 이용해서 배경을 칠할 때 주의해야 할 점이 있나요?

A 마감용 니스를 함께 사용할 것을 추천합니다.

아크릴 물감만 칠하면 붓 자국이 잘 남거나 쉽게 벗겨집니다. 이럴 때 아크릴 물감에 아크릴 수지의 수성 마감제(마감용 니스)를 섞어서 사용해 보세요. 원래 톨 페인팅 등의 마감에 사용하는 소재지만, 섞어서 사용하면 붓 자국이 잘 남지 않고 쉽게 벗겨지지도 않습니다. 유광과 무광이 있는데, 이 책에 실린 작품에서는 유광을 사용했습니다.

또한 글리터 등의 정착제로도 사용할 수 있습니다. 글리터와 마감용 니스(유광)를 섞어서 바르면 투명감은 그대로 유지하면서 반짝이는 글리터를 배경에 넣을 수 있습니다.

4~14 페이지의 작품 만드는 방법

각 작품을 만들기 전에 LESSON 1~4에서
소개한 기본 기술을 읽어서
제작 과정 및 주의사항을 확인하세요.

다음의 도구 및 금속 부자재를 사용해서 액세서리를 만듭니다

연결 부자재 장식 재료의 크기나 색상 등에 따라 각각에 맞는 크기와 색상을 선택합시다.

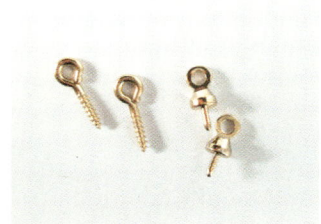

아이볼트
작품에 꽂아서 사용한다. 핀 바이스 또는 루터를 이용해서 구멍을 뚫고 접착제나 UV 레진(또는 에폭시 레진)을 발라서 꽂는다. UV 레진을 사용할 경우 UV 램프에 넣어서 자외선을 조사한다.

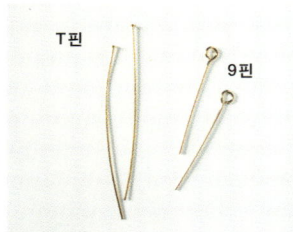

T핀, 9핀
구멍이 있는 비즈에 꽂은 뒤 끝을 구부려서 사용하거나 짧게 잘라서 아이볼트처럼 레진 장식에 꽂는다. 이때 접착하는 방법은 아이볼트와 동일하다.

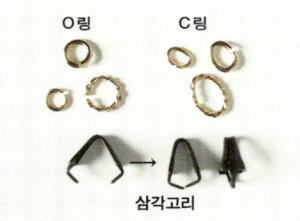

O링, C링, 삼각 고리
장식끼리 연결하는 고리 종류. 디자인성이 높은 디자인 O링 등이 있다.

공구

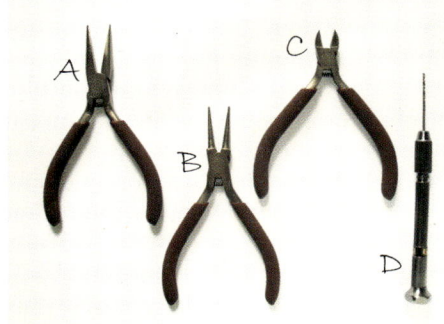

A : **평집게** 끝이 납작하다. 고리 종류를 열고 닫거나 금속 부자재를 닫을 때 사용한다. 두 개를 준비해 놓으면 편리하다.

B : **굴림 펜치** 끝이 둥글게 되어 있다. T핀이나 9핀을 둥글게 구부릴 때 사용한다.

C : **니퍼** 핀이나 체인 등을 자르는 데 사용한다.

D : **핀 바이스** 작품에 아이볼트나 핀 종류를 꽂는 구멍을 뚫는다. 루터라도 상관없다. 사용하는 금속 부자재보다 조금 큰 날을 사용한다.

핀을 구부리는 방법

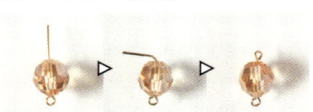

9핀을 비즈에 꽂은 뒤 90도로 구부린다. 니퍼를 이용해서 7~8mm 정도 떨어진 부분을 잘라 내고, 굴림 펜치를 이용해서 핀 끝을 구부린다.

| 에폭시 | 양면 몰드 | 봉입 |

플라스크 모양의 펜던트 톱 → p6

☆☆☆☆☆

체인 / 볼 체인
이중 O링
아이볼트
시계 장식
가느다란 체인

양면 몰드를 덮기 전에 봉입 재료는 UV 레진을 이용해서 미리 고정해 놓는다

몰드

원형 … 플라스크

실리콘
→ 실리콘으로 양면 몰드를 만든다.
(p58-61 참조)

재료

A

UV 레진
에폭시 레진
래커(무광)
봉입 재료 … 드라이플라워(미니 장미), 펄 비즈
액세서리 부자재 … 아이볼트, 이중 O링, 체인

B

UV 레진
에폭시 레진
래커(무광)
봉입 재료 … 시계 장식, 앤티크 종이
액세서리 부자재 … 아이볼트, 이중 O링, 가느다란 체인, 볼 체인

point : 앤티크 종이는 레진액이 스며든 상태라도 고전적이고 근사한 느낌을 준다. 사전 처리를 하지 않거나 미디엄 또는 UV 레진을 발라서 코팅한 후에 사용해도 무방하다.

만드는 방법

1 몰드 [앞면] [뒷면]에 각각 UV 레진을 조금 붓고 봉입 재료를 원하는 위치에 배치한다. ▶ UV 램프에 넣고 1분 동안 자외선 조사

2 1의 몰드를 덮고 레진액을 주입한다. [B]는 갈색으로 착색한 레진액을 사용한다. ▶ 경화

3 레진을 몰드에서 분리하여 가장자리의 거스러미를 제거한 뒤 경계선을 연마한다.

4 래커를 플라스크 본체 부분에 칠해서 광택을 낸다. 마개 부분은 코르크의 느낌을 살리고 래커는 칠하지 않는다.

5 루터를 이용해서 구멍을 뚫고 아이볼트를 꽂는다(UV 레진을 발라서 접착한다).

6 이중 O링을 아이볼트에 달아서 체인(B는 볼 체인)을 연결한다. B는 시계 장식을 가느다란 체인에 달아서 이중 O링에 연결한다.

몰드

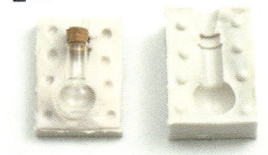

플라스크를 원형으로 해서 양면 몰드를 만든다.

1

봉입 재료는 미리 UV 레진을 발라서 원하는 위치에 고정한다.

---

memo

양면 몰드를 사용할 때 봉입 재료의 위치를 정한다

양면 몰드를 사용하면서 봉입해야 할 재료가 있는 경우, 몰드를 덮기 전에 각각의 몰드 안에서 재료가 움직이지 않도록 UV 레진을 발라 고정하고, 마지막에 몰드를 덮어 앞면과 뒷면을 일체화합니다.

`에폭시` `평면 몰드` `봉입`

금실을 사용해서 반짝반짝 빛나는 참 장식 → p7

★★☆☆☆

체인
아이볼트
디자인 O링
삼각 고리
금실
순금실
실 끝은 UV 레진을 발라서 중앙에 고정한다

몰드
직경 1.7cm, 3cm의 원형 몰드

재료
UV 레진
에폭시 레진
봉입 재료 … 금실 등 자신이 좋아하는 실
액세서리 부자재 … 아이볼트, 삼각 고리, 디자인 O링, 체인

만드는 방법

1. 레진액을 투명 시트 위에 원형이 되도록 붓는다. ▶ **경화**
2. 가위를 이용해서 1을 몰드보다 약간 작게 자른다.
3. 실 끝에 UV 레진을 발라서 2의 중앙에 접착한다. ▶ **UV 램프에 넣고 2분 동안 자외선 조사**
4. 실을 중심에서 한 바퀴 돌려 감는다. 이를 반복해서 실로 모양을 만든다. 실을 다 감고 나면 실 끝에 UV 레진을 발라서 중앙에 접착한다. ▶ **UV 램프에 넣고 2분 동안 자외선 조사**
5. 몰드에 레진액을 붓는다. ▶ **경화**
6. 4를 5에 넣고 레진액을 붓는다. ▶ **경화**
7. 루터를 이용해서 구멍을 뚫고 끝을 짧게 자른 아이볼트를 꽂는다(UV 레진을 발라서 접착한다).
8. 삼각 고리나 O링을 아이볼트에 달아서 체인을 연결한다.

1

사용하려는 몰드보다 한층 작게 만든다. 모양은 나중에 가위를 이용해서 정돈한다.

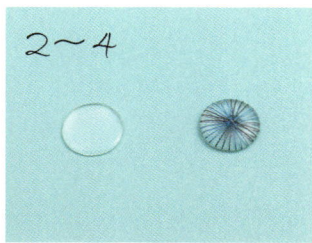

2~4

모양을 잡은 후 실을 감아서 봉입 재료로 만든다.

> **memo**
> ### 레진 속의 레진 장식
> 종이나 OHP 필름, 비즈, 참 장식, 압화 등 다른 소재를 봉입하는 경우가 많지만, 레진을 이용해 만든 장식도 봉입 재료로 사용할 수 있습니다. 소재가 같아서 느낄 수 있는 일체감과 투명감 덕분에 금실만 레진 속에서 반짝반짝 빛납니다.

| UV | 에폭시 | 평면 몰드 | 봉입 |

큐브 모양의 목걸이 장식 →p8

★ ☆ ☆ ☆ ☆

몰드
한 변의 길이가 2.5cm인 정사각형 몰드

재료
UV 레진, 에폭시 레진
래커(유광)
봉입 재료 … 글리터(금색), 펄 비즈, 드라이플라워, 필리그리 장식
액세서리 부자재 … 아이볼트, 레이스, 천, 필리그리 장식, 낚싯줄, 펄 비즈, 연결 장식, 아티스틱 와이어, 디자인 O링, 이중 O링, 체인, 자석 클래습

→ 천이나 레이스를 이용하여 리본이나 꽃 등의 원하는 모양으로 만들고, 필리그리 장식에 꿰매서 고정해 놓는다.
→ 펄 비즈를 연결 장식 끝에 연결하고, 가장자리를 O링에 연결해 놓는다.

만드는 방법

1 레진 장식 세 개를 만든다. 글리터를 레진액 속에 섞어서 몰드에 붓는다. ▶ **경화**

2 1에 봉입 재료를 원하는 위치에 올려놓고 투명한 레진액을 몰드에 붓는다. ▶ **경화**

point : 드라이플라워나 필리그리 장식이 밖으로 조금 삐져나와 보일 정도로 레진액을 부어서 입체적으로 완성한다.

3 레진을 몰드에서 분리하고 결이 거친 금속 줄칼로 연마한 뒤 래커를 칠해 광택을 낸다.

4 레진 장식 세 개를 원하는 위치에 놓고 UV 레진을 발라서 접착한다. ▶ **UV 램프에 넣고 5분 동안 자외선 조사**

5 루터를 이용해서 4의 양 끝에 구멍을 뚫고 아이볼트를 꽂은 뒤(UV 레진을 발라서 접착), 이중 O링을 단다.

6 5에 장식용 재료를 붙인 필리그리 장식과 연결 장식을 연결한다.

7 필리그리 장식과 이중 O링을 연결한 디자인 O링에 체인을 달고 자석 클래습을 연결한다.

자석 클래습
체인
이중 O링
디자인 O링
펄 비즈
연결 장식
아이볼트

천이나 레이스를 이용해서 리본이나 꽃 등 좋아하는 모양을 만들어 필리그리 장식에 꿰매 달아서 장식용 재료를 만든다.

UV 레진을 발라서 접착한다

memo
레진 장식끼리 접착할 때는 UV 레진을 사용한다
접착제가 아닌 UV 레진을 사용하면 투명감을 유지한 상태로 고정할 수 있습니다. 미리 접착면을 사포로 문질러서 거칠게 해 놓으면 단단히 붙습니다. 매끈매끈한 표면끼리 붙이면 경화 후에 떨어질 수 있으니 주의하세요.

에폭시　양면 몰드　봉입

장미 볼 목걸이 →p9

☆ ☆ ☆ ☆ ☆

몰드

원형 (볼 모양. 여기서는 모조 진주를 사용했다)
실리콘
→ 실리콘으로 양면 몰드를 만든다.
(p58-61 참조)

재료

UV 레진
에폭시 레진
봉입 재료 … 드라이플라워(장미, 암모비움), 금박, 구멍 없는 모조 진주
액세서리 부자재 … O링, 9핀, 비즈(터키산 장식, 모조 진주, 물방울 비즈), 와이어, SR 고리, 조정자, 삼각 고리, 볼 팁
→ 와이어에 비즈 종류를 꿰어서 조정자, 물방울 비즈, SR 고리를 달아 놓는다.

만드는 방법

1. 레진액을 몰드 [앞면]에 조금 붓고 장미, 금박, 모조 진주를 넣는다. 또 레진액을 몰드 [뒷면]에 조금 붓고 암모비움, 금박, 구멍 없는 모조 진주를 넣는다. ▶ **경화**
2. 1의 몰드를 덮고 레진액을 주입한다. ▶ **경화**
3. 레진을 몰드에서 분리하여 가장자리의 거스러미를 제거한 뒤 경계선을 연마한다.
4. UV 레진을 발라 코팅해서 광택을 낸다. ▶ **UV 램프에 넣고 1분 동안 자외선 조사**
5. 핀 바이스를 이용해서 구멍을 뚫고 9핀을 꽂은 뒤(접착제를 발라 고정) O링을 단다.
6. 목걸이 부분을 연결한다.

memo

양면 몰드를 사용할 때 봉입 재료의 위치를 정한다

양면 몰드를 덮기 전에 앞면과 뒷면의 각 몰드 안에서 재료가 움직이지 않도록 UV 레진을 발라 고정합니다. 재료를 고정한 몰드를 덮고 레진액을 주입하여 경화시켜서 앞면과 뒷면을 일체화합니다.

`에폭시` `양면 몰드` `평면 몰드` `봉입`

드라이플라워 비즈 목걸이 →p10

★☆★☆★☆☆

몰드
원형 (볼 모양. 여기서는 모조 진주를 사용했다.)
원형용 석분 점토
실리콘
→ 점토로 【다람쥐 모양】과 【나비 모양】을 만든 뒤 실리콘으로 양면 몰드를 만든다. 【볼】을 원형으로 해서 실리콘으로 양면 몰드 일곱 개를 만든다(p58-61 참조).

재료
UV 레진, 에폭시 레진
봉입 재료 … 드라이플라워(스타티스, 델피니움)
고품질 종이에 인쇄한 일러스트(다람쥐, 나비)
※ 양면을 맞붙여서 사용하므로 일러스트의 방향을 반대로 뒤집은 것을 포함해서 2장을 인쇄한다.
액세서리 부자재 … 9핀, O링, 아이볼트, 모조 진주, 체인, 조정자, SR 고리
※ 모조 진주를 조정자에 달아 놓는다.

만드는 방법

1 드라이플라워 비즈를 만든다. 드라이플라워를 【볼 모양】의 몰드에 넣고 레진액을 붓는다. 경화 후 9핀을 꽂을 구멍을 만들기 위해 바셀린을 바른 핀을 주입구에 꽂아 놓는다. ▶ **경화**

2 핀을 뽑고 레진을 몰드에서 분리한 뒤 UV 레진을 발라 코팅해서 광택을 낸다.
▶ **UV 램프에 넣고 1분 동안 자외선 조사**

3 다람쥐와 나비의 레진 장식을 만든다. 레진액을 몰드에 붓고 일러스트를 조금 가라앉히듯이 넣는다. ▶ **경화**

4 레진을 몰드에서 분리하여 가장자리의 거스러미를 제거한 뒤 연마한다. 핀 바이스를 이용해서 구멍을 뚫고 9핀을 꽂는다(접착제를 발라 고정한다).

5 UV 레진을 발라 코팅해서 광택을 낸다.
▶ **UV 램프에 넣고 한쪽 면에 1분씩 자외선 조사**

6 2, 5와 비즈를 O링과 9핀으로 연결한 뒤, 다시 목걸이 부분과 연결한다. 조정자와 SR 고리를 단다.

드라이플라워 비즈
드라이플라워를 레진액 속에 넣어 만든 비즈 장식. 볼을 원형으로 한 양면 몰드를 이용해 만들었다. 드라이플라워는 미리 레진액에 담가서 꽃잎 사이에 들어 있는 공기를 빼 놓는다. 말린 상태 그대로 몰드에 넣고 레진액을 부으면 기포가 생긴다.

다람쥐와 나비는 일러스트를 맞붙여서 양면 모두 그림이 보이게 한다. 일러스트는 UV 레진을 양면에 발라서 코팅해 놓으면 얼룩을 방지할 수 있다.

memo
레진으로 만들 수 있는 오리지널 비즈

양면 몰드를 이용해서 레진을 성형할 수 있다면 오리지널 볼 비즈를 만들 수 있습니다. 여기서는 레진액의 투명감을 살려서 속에 드라이플라워를 넣었습니다. 그밖에도 착색한 레진을 이용해서 색을 띤 투명한 장식이나 색감이 불투명한 장식 등 여러 가지를 만들 수 있습니다.

UV

UV 레진으로 만드는
나선 모양의 귀걸이 →p4
☆☆☆☆☆

- 펜던트 연결 고리: 구멍을 뚫어서 O링을 연결한다
- 귀걸이용 낚시 고리
- 펜던트 연결 고리
- O링
- 크리스털 비즈
- 화지: UV 레진을 발라서 코팅한다
- UV 레진을 이용해서 원하는 위치에 접착한다
- 테두리를 만든 후 안쪽의 나선 모양을 만든다
- 볼 체인

재료

UV 레진
볼 체인
장식 재료 … 화지(원하는 색 여러 가지), 크리스털 비즈
액세서리 부자재 … O링, 펜던트 연결 고리, 귀걸이용 낚시 고리

만드는 방법

1. UV 레진을 투명 시트 위에 물방울 모양이 되도록 붓는다.
   ➤ **UV 램프에 넣고 1분 동안 자외선 조사**

2. 1이 살짝 굳으면 모양을 잡아 가면서 가장자리를 볼 체인으로 에워싼다.
   ➤ **UV 램프에 넣고 1분 동안 자외선 조사**

3. UV 레진을 2에서 에워싼 부분 안에 붓고 볼 체인으로 나선 모양을 만든다. 크리스털 비즈에 UV 레진을 발라서 중심에 고정한다. ➤ **UV 램프에 넣고 3분 동안 자외선 조사**

4. 볼 체인에서 삐져나온 부분은 가로로 잘라서 모양을 정돈한다.

5. 적당한 크기와 모양으로 자른 화지를 UV 레진에 담근다. UV 레진이 침투되면 핀셋을 이용해 꺼내서 클리어 파일 위에 올려놓는다.
   ➤ **UV 램프에 넣고 2분 동안 자외선 조사**

6. UV 레진을 이용해서 5를 한 장씩 4에 접착한다.
   ➤ **UV 램프에 넣고 1분 동안 자외선 조사**
   point : 화지를 다 붙이고 나면 자외선을 약간 오래 조사해서 단단히 고정시킨다.

7. 루터를 이용해서 4의 레진 부분에 구멍을 뚫고 O링을 연결한 뒤 귀걸이용 낚시 고리를 단다.

2

UV 레진을 살짝 경화시킨 후 볼 체인으로 에워싸면서 모양을 잡는다.

3

나선 모양의 중심이 비어 있으므로 크리스털 비즈를 얹어서 구멍을 숨긴다. UV 레진을 발라서 움직이지 않도록 고정하고 나선 모양 부분과 함께 경화시킨다.

memo

몰드 없이 쉽게 만들 수 있는 액세서리

UV 레진의 점성과 경화 시간이 빠르다는 특성을 살리면 몰드가 없어도 모양을 만들 수 있습니다. 별로 두껍지 않아서 경화 후 레진을 가로로 자르거나 핀으로 구멍을 뚫는 등 성형하기도 쉽습니다.

5

경화시킨 후에 모양이 신경 쓰이는 경우에는 가위를 이용해서 튀어나온 부분을 잘라 낸다.

| 에폭시 | 평면 몰드 | 뒷면 새김 |

고양이와 우산 모티프 브로치 →p5

☆☆☆☆☆

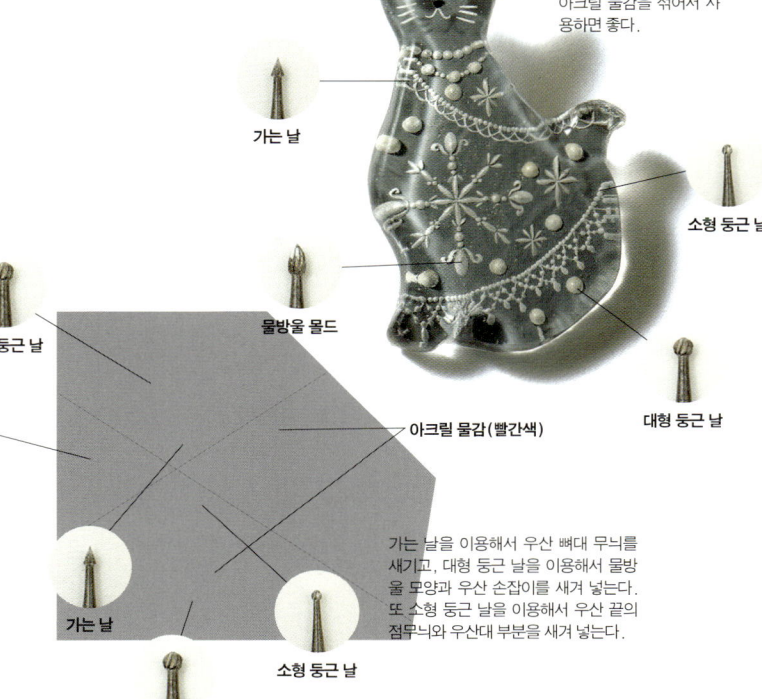

눈은 아크릴 물감이 잘 벗겨지므로 마감용 니스와 아크릴 물감을 섞어서 사용하면 좋다.

가는 날

소형 둥근 날

대형 둥근 날

물방울 몰드

아크릴 물감(빨간색)

가는 날을 이용해서 우산 뼈대 무늬를 새기고, 대형 둥근 날을 이용해서 물방울 모양과 우산 손잡이를 새겨 넣는다. 또 소형 둥근 날을 이용해서 우산 끝의 점무늬와 우산대 부분을 새겨 넣는다.

가는 날

소형 둥근 날

대형 둥근 날

몰드

원형용 석분 점토
실리콘

→ 점토로【고양이】【우산】모양을 만든 뒤 이를 원형으로 해서 실리콘으로 몰드를 만든다 (p56-57 참조).

재료

에폭시 레진
UV 레진
착색료 … 아크릴 물감(흰색, 검은색, 회색, 빨간색, 마감용 니스(유광))
액세서리 부자재 … 브로치 핀

만드는 방법

1. 레진액을 몰드에 붓는다. **▶ 경화**
2. 루터를 이용해서 1의 뒷면에 무늬를 자유롭게 새겨 넣는다(p76-77 참조). 고양이 얼굴은 앞면에서 새겨 넣는다.
3. 칫솔 등을 이용해서 부스러기를 털어 내고 아크릴 물감(흰색)을 무늬를 새겨 넣은 부분에 칠해서 착색한다.
4. 다 마르면 삐져나온 부분을 닦아 낸다. 고양이는 앞면의 얼굴도 착색한다.
5. 아크릴 물감(회색 또는 빨간색)과 마감용 니스를 섞어서 배경을 칠한 뒤 건조시킨다.
6. 5를 유점토 위에 올려놓고 수평으로 가볍게 눌러서 움직이지 않도록 고정한 뒤, 레진액을 아크릴 물감 위에 조금 붓는다. **▶ 경화**
7. UV 레진을 이용해서 브로치 핀을 접착한다. **▶ UV 램프에 넣고 1분 동안 자외선 조사**

2
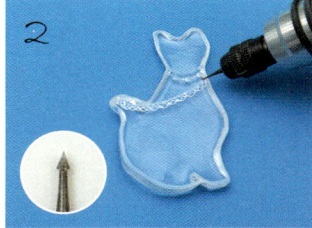

가는 선을 그릴 수 있는 날, 물방울이나 꽃잎 모양을 만드는 날, 점무늬를 만드는 날 등이 있으며, 루터의 날을 달리해서 다양한 표현을 즐길 수 있다.

3

무늬를 새겨 넣은 부분을 착색하지 않으면 배경과 뒤섞여서 무늬가 보이지 않는다.

4

물감이 삐져나온 부분은 닦아 낼 수 있으므로 깨끗하게 마감한다. 고양이는 앞면도 착색한다.

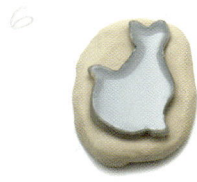

배경을 확실히 칠한다. 팔레트 나이프를 사용하면 거품이 잘 생기지 않는다.

아크릴 물감이 벗겨지지 않도록 레진을 붓는다.

> **memo**
>
> **루터를 이용해서 뒷면에 섬세한 무늬를 새겨 넣을 수 있다**
>
> 뒷면 새김은 레진을 가는 날로 깎아서 섬세한 무늬를 넣어가는 기법으로, 무늬를 새겨 넣은 부분을 착색해서 선명하게 할 수 있습니다. 무늬를 뒷면에 새겨 넣기에 그림의 방향을 반대로 뒤집어서 그려야 합니다. 특히 글자나 기호 등과 같이 방향이 정해져 있는 무늬를 새겨 넣을 때는 주의하기 바랍니다.

sample : 뒷면 새김 기법으로 연출할 수 있는 여러 가지 표현

시중에서 판매하는 몰드 × 뒷면 새김

조금 두께가 있는 레진 장식이라면 무늬를 새겨 넣을 때 깊이를 달리해서 대비 효과를 줄 수 있다. 무늬를 좀 더 깊이 새겨 넣으면 겉에서 봤을 때 앞쪽에 가까워 보여서 깊이가 있는 공간을 연출할 수 있다. 무늬를 새겨 넣은 부분을 흰색 이외의 색으로 착색하면 훨씬 회화적인 느낌을 준다.

오리지널 몰드 × 뒷면 새김

원형부터 손수 만들면 한층 더 독창적인 작품을 만들 수 있다. 높은음자리표처럼 방향이 있는 경우(글자나 기호 등)에는 뒷면에 무늬를 새길 때 방향을 뒤집어서 작업하도록 주의하자. 물고기나 버섯처럼 배경색을 부분적으로 바꾸는 것도 표현 방법 중 하나다.

| 에폭시 | 평면 몰드 | 봉입 | 불투명 가공 |

압화와 사슴이 있는 숲을 표현한 브로치 →p12

★★★★☆

일러스트(사슴)를 2층에 배치하고 3~5층에 압화를 순서대로 봉입한다

불투명하게 가공한 부분은 루터를 이용해서 겉을 얇게 깎은 후에 사포로 골고루 문질러서 매끄럽게 완성한다

옆면은 사포로 연마해서 불투명하게 가공한다

브로치 핀

몰드

원형용 석분 점토
실리콘
→ 점토로 【마름모】 모양을 만든 뒤 실리콘으로 몰드를 만든다(p56-57 참조).

재료

UV 레진
에폭시 레진
봉입 재료 … 고품질 종이에 인쇄한 일러스트(사슴), 압화(수국, 유채꽃, 버베나, 알리숨, 에버라스팅)
액세서리 부자재 … 브로치 핀

point : 봉입 재료는 UV 레진을 발라서 코팅한다

일러스트나 압화는 UV 레진을 양면에 발라서 코팅해 놓으면 얼룩 및 변색을 방지할 수 있다. 일러스트는 투명해지는 것을 방지하기 위해 뒷면에 흰색 아크릴 물감을 칠해 놓으면 좋다.

만드는 방법

1 레진액을 몰드에 붓는다(1층). ▶ **경화**

2 1에 레진액을 붓고 일러스트를 넣는다(2층). ▶ **경화**

3 2에 레진액을 붓고 버베나와 유채꽃을 넣는다(3층). ▶ **경화**

4 3에 레진액을 붓고 수국을 넣는다(4층). ▶ **경화**

5 4에 레진액을 붓고 알리숨과 에버라스팅을 넣는다(5층). ▶ **경화**

6 레진액을 몰드가 가득 찰 때까지 붓는다(6층). ▶ **경화**

7 레진을 몰드에서 분리하여 가장자리의 거스러미를 제거한 뒤 연마한다. 옆면은 거칠게 연마해서 불투명하게 가공하고, 표면은 광택이 날 때까지 문지른다.

8 표면의 불투명하게 가공하고 싶은 부분에 얇은 유성 펜으로 표시한 뒤 안쪽을 루터로 얇게 깎는다.

point : 가는 날로 깎은 후 둥근 날로 울퉁불퉁해진 부분을 없앤다. 유성 펜이 남아 있을 경우에는 치약으로 문질러서 제거한다.

9 8에서 깎은 부분이 골고루 불투명해지도록 사포(320번 정도)로 연마한다.

10 뒷면에 접착제를 발라서 브로치 핀을 고정하고, 그 위에 UV 레진을 도포하여 브로치 핀의 접착면을 심어 넣는다. °

▶ **UV 램프에 넣고 3분 동안 자외선 조사**

memo

6층으로 나눠서 깊이를 표현한다

여러 가지 압화를 네 번에 나눠서 레진에 봉입하면 작품의 깊이가 생깁니다. 레진 층을 구체적으로 만들면 압화의 위치도 확실히 정해져서 경화 중에 움직이는 일도 없습니다. 이런 식으로 정성껏 만들면 만들수록 완성도도 올라갑니다.

에폭시 평면 몰드 착색 봉입

딸기를 넣은 스틱 키홀더 →p13

몰드
스틱 모양의 몰드(제빙기)

재료
에폭시 레진
착색료 … 안료(검은색)
봉입 재료 … 글리터, 고무점토로 만든 딸기, 모조 진주, 메탈 장식, 스티커(레이스)
액세서리 부자재 … 아이볼트, 키홀더 장식, 모조 진주, T핀
  → T핀을 이용해서 비드캡을 모조 진주에 달고 키홀더 장식에 연결한다.

만드는 방법
1. 레진액을 몰드에 붓고 스티커를 넣는다(1층). ▶ 경화
2. 다시 레진액을 몰드에 붓고 딸기와 모조 진주를 넣는다(2층). ▶ 경화
3. 착색료(검은색)와 글리터를 레진액에 섞어서 몰드가 가득 찰 때까지 붓는다(3층). ▶ 경화
4. 레진을 몰드에서 분리하여 가장자리의 거스러미를 제거한 뒤 연마한다.
5. 루터를 이용해서 구멍을 뚫고 아이볼트를 꽂는다.
6. 키홀더 장식을 연결한다.

memo

불투명하게 착색한 레진 × 투명한 레진의 매력

불투명하게 착색한 레진을 배경으로 하고 투명한 레진 부분에 봉입 재료를 넣으면, 레진의 투명감을 작품에 살리면서 진한 색이 돋보이는 디자인으로 완성할 수 있습니다.

고무점토로 딸기를 만드는 방법

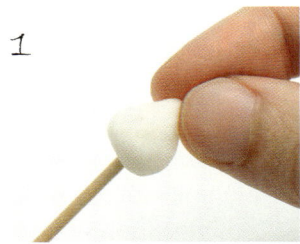

1

2

고무점토를 대나무 꼬치에 꽂아서 딸기 모양을 만든다.

끝을 비스듬히 자른 주삿바늘을 1에 살짝 찔러 가며 씨 모양을 낸 뒤 건조시킨다.

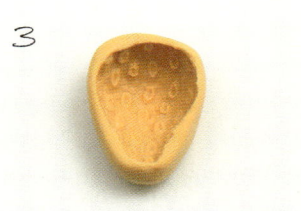

3

4

2로 딸기 몰드를 만든다.

착색한 고무점토를 3의 몰드에 채워 넣었다가 빼서 성형한다. T핀으로 비드캡을 고정해서 딸기 꼭지를 만든다.

| UV | 평면 몰드 | 봉입 |

반짝반짝 빛나는 나비 키홀더

→ p14

★☆☆☆☆

라인스톤
아이볼트
스티커
삼각 고리
볼 체인

몰드
나비 모양의 몰드

재료
UV 레진
봉입 재료 … 스티커(나비), 홀로그램, 글리터(원하는 색상으로 두 가지)
장식 재료 … 라인스톤 (원하는 색상으로 두 가지)
액세서리 부자재 … 아이볼트, 삼각 고리, 볼 체인

만드는 방법

1 UV 레진을 몰드에 붓는다(1층). ▶ **UV 램프에 넣고 1분~1분 30초 동안 자외선 조사**

2 스티커를 붙이고 그 위에 UV 레진을 붓는다(2층). ▶ **UV 램프에 넣고 1분~1분 30초 동안 자외선 조사**

3 2에 UV 레진을 붓고 날개 바깥쪽에 홀로그램을 넣는다(3층). ▶ **UV 램프에 넣고 1분~1분 30초 동안 자외선 조사**

4 3에 UV 레진을 붓고 날개 바깥쪽에 글리터(한 가지 색)를 넣는다(4층). ▶ **UV 램프에 넣고 1분~1분 30초 동안 자외선 조사**

5 4에 UV 레진을 붓고 날개 바깥쪽에 나머지 색의 글리터를 넣는다(5층). ▶ **UV 램프에 넣고 1분~1분 30초 동안 자외선 조사**

6 마지막으로 다시 한 번 UV 레진을 붓는다(6층). ▶ **UV 램프에 넣고 1분~1분 30초 동안 자외선 조사**

7 몰드에서 분리한 후 거스러미를 연마해서 제거한다.

8 UV 레진을 사용해서 라인스톤을 접착한다. ▶ **UV 램프에 넣고 2분 동안 자외선 조사**

9 루터를 이용해서 구멍을 뚫고 끝 부분을 짧게 자른 아이볼트를 꽂는다(UV 레진을 발라서 접착한다). 그런 다음 볼 체인을 연결한다.

memo

투명한 성질 덕분에 6층으로 나눠서 쌓을 수 있다

레진은 반대쪽이 보일 정도로 투명해서 글리터나 홀로그램 등과 같이 투명감을 느낄 수 있는 봉입 재료가 잘 어울립니다. 각각의 봉입 재료가 몰드의 모양에 맞는 위치에서 굳어질 수 있도록 층을 나눠 배치하여 완성하세요.

Index 참고 작품 기술별

몰드

■ 몰드 없이 만들 경우
89 UV 레진을 사용해서 만드는 나선 모양의 귀걸이

■ 몰드에서 분리하지 않고 만들 경우
20 프레임으로 만드는 키홀더
21 장식 콤팩트

■ 평면 몰드를 사용해서 만들 경우
38 밀키 컬러로 착색한 해골 모티프
40 지구 키홀더
41 펭귄 일러스트를 넣은 투명 펜던트
44 참 장식을 넣은 마카롱 키홀더
47 장미 스틱 키홀더
50 장미와 나비가 있는 브로치
51 압화와 동물로 연출한 브로치
78 작은 새와 잔가지를 표현한 브로치
79 배경이 다른 키홀더
80 레이스 무늬를 새겨 넣은 레진 장식
85 금실을 사용해서 반짝반짝 빛나는 참 장식
86 큐브 모양의 목걸이 장식
90 고양이와 우산 모티프 브로치
92 압화와 사슴이 있는 숲을 표현한 브로치
93 딸기를 넣은 스틱 키홀더
94 반짝반짝 빛나는 나비 키홀더

■ 양면 몰드를 사용해서 만들 경우
37 천연석풍의 레진 장식
49 압화를 넣은 물방울 모양 펜던트
64 압화를 넣은 투명 반지
66 크리스털 모양의 펜던트 톱
68 캔들 모양의 펜던트 톱
84 플라스크 모양의 펜던트 톱
87 장미 볼 목걸이
88 드라이플라워 비즈 목걸이

봉입 재료

■ 봉입 재료가 없을 경우
36 6색으로 빛나는 무지개 펜던트 톱
37 천연석풍의 레진 장식 [B] [C]
38 밀키 컬러로 착색한 해골 모티프

■ 드라이플라워, 압화를 사용할 경우
37 천연석풍의 레진 장식 [A]
49 압화를 넣은 물방울 모양 펜던트
50 장미와 나비가 있는 브로치
51 압화와 동물로 연출한 브로치
64 압화를 넣은 투명 반지
66 크리스털 모양의 펜던트 톱
68 캔들 모양의 펜던트 톱
78 작은 새와 잔가지를 표현한 브로치
84 플라스크 모양의 펜던트 톱
86 큐브 모양의 목걸이 장식
87 장미 볼 목걸이
88 드라이플라워 비즈 목걸이
92 압화와 사슴이 있는 숲을 표현한 브로치

■ 종이, OHP 필름, 스티커
20 프레임으로 만드는 키홀더
40 지구 키홀더
41 펭귄 일러스트를 넣은 투명 펜던트
44 참 장식을 넣은 마카롱 키홀더
47 장미 스틱 키홀더
49 압화를 넣은 물방울 모양 펜던트
50 장미와 나비가 있는 브로치
51 압화와 동물로 연출한 브로치
64 압화를 넣은 투명 반지
78 작은 새와 잔가지를 표현한 브로치
79 배경이 다른 키홀더
88 드라이플라워 비즈 목걸이
92 압화와 사슴이 있는 숲을 표현한 브로치
94 반짝반짝 빛나는 나비 키홀더

본뜬 후의 가공

■ 광택 내기, 불투명 가공
37 천연석풍의 레진 장식 [C]
66 크리스털 모양의 펜던트 톱
68 캔들 모양의 펜던트 톱
78 작은 새와 잔가지를 표현한 브로치
79 배경이 다른 키홀더
92 압화와 사슴이 있는 숲을 표현한 브로치

■ 뒷면에 무늬를 새겨 넣을 경우
80 레이스 무늬를 새겨 넣은 레진 장식
90 고양이와 우산 모티프 브로치

■ 레진 장식 재료끼리 접착할 경우
86 큐브 모양의 목걸이 장식
89 UV 레진을 사용해서 만드는 나선 모양의 귀걸이

AKUSESRII ZUKURI NO TAMENO REJIN NO KYOUKASHO by Kenichi Kumazaki
Copyright © 2013 by Kenichi Kumazaki
Original Japanese edition published in 2014 by KAWADE SHOBO SHINSHA Ltd. Publishers
Korean translation rights arranged with KAWADE SHOBO SHINSHA Ltd. Publishers
through OWLS Agency Inc. and Danny Hong Agency.
Korean translation copyright © 2016 by Yemun Publishing, Co., Ltd.

이 책의 한국어판 저작권은 대니홍 에이전시를 통한 저작권사와의 독점 계약으로 (주)도서출판 예문에 있습니다.
저작권법에 의해 한국 내에서 보호를 받는 저작물이므로 무단전재와 복제를 금합니다.

레진공예의 교과서

초판 1쇄 인쇄일 2015년 1월 4일 • 초판 1쇄 발행일 2016년 1월 11일
지은이 구마자키 겐이치 • 옮긴이 박재영
펴낸곳 (주)도서출판 예문 • 펴낸이 이주현
기획 김유진 • 편집 박정화 • 표지디자인 김진디자인 • 영업 이운섭 • 관리 윤영조 · 문혜경
등록번호 제307-2009-48호 • 등록일 1995년 3월 22일 • 전화 02-765-2306
팩스 02-765-9306 • 홈페이지 www.yemun.co.kr
주소 서울시 강북구 미아동 374-43 무송빌딩 4층

ISBN 978-89-5659-301-2 (13630)

저작권법에 따라 보호받는 저작물이므로 무단전재와 복제를 금하며,
이 책 내용의 전부 또는 일부를 이용하려면 반드시 저작권자와
(주)도서출판 예문의 동의를 받아야 합니다.